# POR SUS GESTOS LE CONOCERÉIS
Autor: Adolfo Pérez Agustí

Edita: Ediciones Masters
Fernán Caballero, 4-1º dcha.
28019 MADRID (Spain)
www.edicionesmasters.com
edicionesmasters@gmail.com

*Damos tanta importancia a las palabras, escritas o verbales, que nos olvidamos con demasiada frecuencia de los hechos. De esta circunstancia saben mucho los políticos, quienes muestran gran habilidad para decir en sus campañas electorales lo que los ciudadanos quieren oír, aunque luego (y con frecuencia, anteriormente) sus actos no tengan nada que ver con aquello que dicen y afirman.*

*La palabra permanece en la mente de las personas gracias a los libros y también grabada en los medios de comunicación y ocio denominados como audiovisuales, por lo que no es de extrañar que ocupe ya el primer puesto en cuanto a modos de expresión se refiere. Los hechos también son importantes, al menos para los historiadores, y por ellos podemos evaluar con cierta precisión todo cuanto de bueno y malo han realizado nuestros antecesores, aunque dependemos demasiado de la opinión del escritor para saber la verdad de los acontecimientos.*

*Y en medio de estos dos factores, la palabra y los hechos, están los gestos, la forma de expresión corporal más auténtica de todas y la única que no da lugar a errores de apreciación, siempre y cuando sepamos interpretarlos. Esencialmente todos sabemos evaluar algunos gestos reflejos, como las lágrimas, la sonrisa o los gritos, lo mismo que podemos saber lo que ocurre detrás de un grito de dolor, un rubor en la mejilla o un apretón de manos sincero. Pero todos estos gestos son, con frecuencia, manipulados por las personas y expresados por motivos muy diferentes a los que aparentemente son en realidad.*

*Personas hábiles que nos engañan con sus gestos hay muchas y de eso saben mucho los ladrones, los estafadores y otras gentes poco recomendables, pero también los emplean para manipularnos personas tan respetables como los políticos (nuevamente), los actores, los presentadores de televisión, los adivinos y los abogados, entre otros. Todo ser humano y frecuentemente los animales, emplean trucos con sus gestos para inducirnos a engaño, algunos tan sutilmente elaborados que solamente están al alcance de mentes privilegiadas, o maquiavélicas.*

*Cualquier acto jurídico es una muestra del arte del engaño (suele mentir el acusado y exagerar el acusador), lo mismo que lo es cuando un vendedor intenta que compremos lo inútil, o un político nos abraza durante un mitin por primera y última vez en su vida. También hay engaño cuando un niño nos avisa que ya se ha tomado la comida que acaba de tirar a la basura o cuando nuestra pareja llega a las tres de la madrugada alegando que ha estado con su madre. Como es obvio, nosotros también nos habituamos a mentir deliberadamente, y en ocasiones, tal y como nos explicaban en el filme "Mentiroso compulsivo", mentir es una necesidad incuestionable para poder estar en sociedad.*

*Todo esto era así hasta que a alguien, en concreto, a mí, se le ocurrió la feliz idea de hacer un libro para que pudiéramos conocer a las personas simplemente mirando su punto más débil: sus gestos. La idea era observar a nuestro prójimo, más que escucharle, en busca de cualquier señal externa en su cuerpo que nos dijera la verdad que oculta en su mente. Si lográsemos esto habríamos conseguido dos cosas increíbles: nadie nos podría dar gato por liebre nunca más (insisto, ni siquiera los políticos) y, además, podríamos disimular nosotros mismos con una eficacia total.*

# *CAPÍTULO UNO*

## Leyendo nuestra cara

## El lenguaje del rostro

"La cara es el espejo del alma", una expresión popular totalmente cierta, aunque habitualmente muy mal interpretada. Con frecuencia tendemos a considerar más buena a una persona guapa que a una fea, lo mismo que solemos dar por hecho que un ciego debe ser forzosamente una buena persona o que otra con una gran cicatriz en la mejilla está más cerca de un gángster que de un sacerdote. Los niños, por su parte, se fijan casi exclusivamente en el rostro de las personas y si éstas tienen alguna similitud con la de un niño o sus padres, les gustarán. Sumamente sensibles a los defectos físicos tales como verrugas, granos, pecas, arrugas, estrabismo o calvicie, necesitan para considerar bella, y buena, a una persona que ésta tenga un cutis casi perfecto. Los demás detalles corporales, tales como músculos fuertes y voz profunda en los hombres, así como grandes pechos en la mujer y caderas redondeadas, apenas lo consideran atributos de bondad o belleza. Es más, lo habitual es que rechacen aquellos caracteres típicamente sexuales que cuando somos adultos nos atraen especialmente.

Pero los adultos no somos en nada diferentes a los niños, aunque sí más hipócritas. Hay personas que no nos gustan simplemente por su aspecto, guapo o feo, y solemos emplear criterios de valor tan sencillos como "es que me cae mal" o "no me gusta su cara". En base a esta valoración tan poco definida, podemos ser desagradables con una persona con la cual no hemos hablado en la vida, simplemente porque su cara no nos gusta.

En principio y si analizamos estas situaciones de una manera superflua, podemos decir que es una reacción instintiva, un reflejo casi animal, que nos hace rechazar a alguien sin motivos aparentes, pero que detrás de eso existe una razón importante para que no nos guste esa persona. Hay gente que habla de un instinto, de un sexto sentido y hasta de que "se le pone la piel de gallina", cuando tienen delante a una persona que les cae mal. ¿Es su rostro? ¿Quizás su olor imperceptible? ¿O un magnetismo desequilibrado lo que nos hace reaccionar tal mal ante la cara de esa persona?. No sabemos dónde radica la causa, pero cuando una persona nos cae mal casi nunca se debe a una causa real, o al menos no existe un motivo definido. Lo único que sabemos es que su cara, y con bastante menos frecuencia su cuerpo, no nos gusta. Ese detalle es especialmente importante cuando una persona llega hasta nosotros con ánimo de robarnos; si es guapa tiene muchas más probabilidades de éxito que si es fea. Y la razón ya la sabemos: de una persona fea recelamos y nos ponemos en guardia, de una guapa casi nunca, salvo que quiera ligar con nuestra pareja; en este caso los valores se invierten.

Frecuentemente solemos decir, cuando alguien no nos gusta sin una razón concreta que:

- "Tiene cara de mala persona".
- "¡Qué cara más desagradable tiene!".
- "Me da mala espina".
- "No me gusta su cara".
- "No me gusta cómo me mira".
- "Tiene una cara repulsiva".
- "Me gustaría partirle la cara".
- "Tiene cara de imbécil" (o de listillo, o de golfa).

Y así hasta una larga lista de comentarios despectivos con los cuales queremos justificar que no tenemos aversión gratuita hacia esa persona; si su cara no nos gusta es por un motivo razonable. Por increíble que parezca, en los juicios por agresiones hacia personas inocentes los agresores se tratan de justificar ante el juez con motivos tan peregrinos como los expuestos con anterioridad, e incluso abunda mucho quien alega que le pegó una paliza porque "su cara me dio mala espina". Y se quedan tan tranquilos.

He aquí una lista de personas a las cuales es frecuente partirles la cara sin que hayan hecho nada para justificarlo:

- Jóvenes pijos. (Los agresores suelen ser incluso sus propios compañeros de la pandilla).
- Niños o niñas muy educados (En el colegio es frecuente que sean molestados por compañeros groseros).

- Personas exquisitamente bien vestidas (Serán molestadas especialmente si se mueven en ambientes diferentes).
- Mujeres con abrigos de pieles (Suelen ser agredidas por los falsos ecologistas).
- Mujeres que "van provocando" (El machismo que no cesa, aunque también son motivo de agresión por mujeres celosas de su belleza).
- Personas que hablan con suma corrección en un altercado (Siempre son los que reciben la primera bofetada).

## EL CARÁCTER ¿ADQUIRIDO O GENÉTICO?

Indudablemente hay unas tendencias genéticas que determinan nuestro comportamiento, el cual, como veremos, no está influenciado solamente por las relaciones sociales, por las experiencias o por la vida en nuestra niñez. En nuestros genes queda grabada toda la experiencia acumulada por nuestros antepasados familiares y con ello también adquirimos sus virtudes y defectos. Estas características forman lo que se denomina "personalidad intrínseca", aquella que permanece indeleble durante toda nuestra existencia y que se manifiesta exclusivamente cuando la vida nos pone a prueba.

Hay quien dice que a las personas borrachas no hay que hacerlas caso porque dicen lo que no sienten, cuando en realidad es justamente lo contrario. Solamente cuando nuestra educación y principios adquiridos quedan anulados por drogas o schock emocionales, es cuando nos manifestamos tal y cual somos en nuestro interior. Lo demás, el comportamiento habitual, responde a nuestra "personalidad extrínseca", aquella que trata de mejorar nuestro verdadero carácter, bien sea reprimiendo defectos o mejorando virtudes.

Por eso a las personas nunca las podremos conocer verdaderamente hasta que la vida no las pone a prueba, como por ejemplo una enfermedad, un desastre económico o un divorcio, por poner algunos ejemplos. En este último caso es significativo observar el comportamiento tan infame que demuestran muchas de las personas divorciadas con sus ex, tratando de destrozarlas emocional y económicamente como si estuvieran actuando contra una alimaña. Si una persona es capaz de estos actos tan denigrantes, con manipulación incluida de los hijos, a quienes se les hace sufrir solamente para vengarse del ex, es síntoma inequívoco de que lo que había en el fondo de su ser era pura maldad. Mi consejo es que se alejen de cualquier persona divorciada que comente con satisfacción todo el daño que le causó a su antiguo cónyuge durante el proceso de divorcio.

La bondad o la maldad tienen que tener sus momentos para demostrarse y eso se comprueba perfectamente en épocas de guerra o catástrofes naturales. Proporcione un bastón de mando a un necio o a una malvada, y verá pronto lo que puede hacer con él, sacando sin problemas lo que escondía en su interior.

Solamente quien dispone de medios para hacer daño y elige el camino de la dulzura y el respeto, puede presumir de humanitario, puesto que todo el mundo es muy amable con quien tiene más fuerza que nosotros.

Y en este mismo sentido están esos hijos tan aparentemente cariñosos con sus padres cuando viven a sus expensas, demostrando un gran respeto por el hogar, pero que cuando sus padres se hacen mayores y tienen que devolverle los años de cariño que han recibido, lo único que devuelven es, en el mejor de los casos, una residencia para que les cuiden. En esos momentos es cuando olvidan bruscamente y con mil justificaciones la deuda de gratitud que tienen hacia sus padres, desligándose de ellos porque no pueden ocuparse de su cuidado personal.

La conclusión de este razonamiento es muy simple y ya se la he mencionado. Solamente podremos conocer a las personas que tenemos a nuestro alrededor, familia y amigos incluidos, cuando la vida les pone a prueba. Hasta entonces debemos cruzar los dedos y pensar que nosotros somos uno de esos pocos afortunados que viven con personas de buen corazón que nunca nos harán daño y que estarán a nuestro lado si la vida nos machaca en algún momento. Un último consejo: no confíen en los besos ni en las palabras, confíen en los hechos.

# TIPOS DE CARA: UN REPASO A NUESTRA CABEZA

El análisis que vamos a efectuar ahora responde a eso que habíamos mencionado como "caer bien" y que parece que tiene relación directa con la forma de nuestra cabeza. No es que haya cabezas que habitualmente sean motivo de repulsa para todos, aunque existen tipos tradicionalmente rechazados, si no que por algún motivo esa forma de la cara no nos gusta porque intuimos que no encaja con nuestro carácter. Ya sabemos que una cara agraciada puede sentar mal en un círculo de personas feas, lo mismo que una fea provocará más miedo que ternura, pero ¿existe algo en el rostro de cada uno que motive racionalmente la aceptación o el rechazo?. Eso lo veremos ahora.

**Cara de Luna llena**

Suele ser habitual en personas gorditas y se caracteriza por no tener marcada su estructura ósea, y en lugar de ello vemos una gran simetría y unas formas redondeadas que logran tensar las posibles arrugas. Es tan resplandeciente como la Luna llena y un día sin nubes, y por ello esas personas suelen dar sensación de:

*Aspectos positivos*

- Salud
- Longevidad

- Carácter sereno.
- No se resignan a las adversidades.
- Generosidad.
- Madrazas, aunque absorbentes.
- Sensuales.
- Bonachonas.

*Aspectos negativos*

- Gordura aceptada.
- Pereza.
- Codiciosas, incluso del dinero ajeno.
- Vengativas y crueles.
- Aburridas.

## Cara de muro

Aplastadas en sentido vertical y con la estructura muy cuadrada, suelen tener también cabellera no excesivamente cuidada y una boca algo más pequeña en proporción. Su expresión indica cierta tensión, aunque habitualmente controlada.

*Aspectos positivos*

- Solidez física.
- Capacidad para aguantar adversidades.
- Respuesta controlada, pero eficaz, ante las agresiones.
- Muy observadores.
- Quitan importancia a los problemas.

*Aspectos negativos*

- Impulsivos.
- Mezquinos cuando se trata de sobrevivir.
- Aunque se adaptan, no son capaces de planificar.
- No se conmueven con facilidad ante el desvalido.
- Son tercos.
- Suelen ser infieles y no piden perdón por ello.

**Cara de árbol**

Aunque cuadrada, es algo más alta que ancha, pero conserva las mismas proporciones en toda la cabeza. Suelen mostrar con más facilidad las tensiones que otros rostros.

*Aspectos positivos*

- Aguantan sólidamente las adversidades.
- Suelen ser muy protectores con los suyos.
- No gustan de fingir sus deseos.
- Necesitan que les den una oportunidad para ayudar y expresarse.
- Suelen estar acertados en sus conclusiones y proyectos.

*Aspectos negativos*

- Pueden ser groseros con sus opiniones.
- Gustan de discutir y de pelear.

- No son agradecidos.
- Se les provoca con facilidad.
- No gustan de obedecer y prefieren mandar.

## Cara de fuego

De frente ancha y mandíbula muy pequeña, posee unos pómulos altos y una barbilla alargada y puntiaguda. En ocasiones la mandíbula es ancha y acentúa, por tanto, la estrechez de la barbilla.

*Aspectos positivos*

- Sensibles.
- Destacan en su trabajo.
- Inteligentes.
- Aprenden con rapidez.
- Solamente confían en lo que ven, no en lo que oyen.

*Aspectos negativos*

- Excesivamente sensibles.
- Tienen frecuentes problemas de relación afectiva.
- Son inestables en el amor.
- Desconfiados en extremo y suspicaces.
- Saben hacer daño con sutileza.

## Cara de tierra

Con su frente ancha tanto como lo es su mandíbula, posee unos pómulos muy altos que tienen tendencia a engordar. Suele formar parte habitual en personas de constitución obesas.

*Aspectos positivos*

- Independientes.
- Inteligentes.
- Gustan aprender de todo.
- Muy trabajadores.

*Aspectos negativos*

- Agresivos.
- Desagradecidos.
- Se ofenden y alteran con facilidad.
- Suelen ser educados cuando no hablan, pero groseros si se les da oportunidad.
- Presuntuosos.

**Cara de Jade**

Similar a la de fuego, pero más acentuada en rasgos y emociones. Puede ser tan estrecha en el cráneo como en la barbilla y sus pómulos prominentes le dan ese aspecto de huevo tan característico. Su aspecto denota inseguridad y debilidad, aunque suele ser una impresión no demasiado ajustada a la realidad. Habitual en personas menudas de cuerpo.

*Aspectos positivos*

- Intensa fuerza interior.

- Misticismo y dotes para percibir lo sobrenatural.
- De rostro bello y equilibrado.
- Gran fortaleza de espíritu.
- Aprovechan bien sus oportunidades.
- Renacen de entre las cenizas.
- No delegan en nadie sus responsabilidades.

*Aspectos negativos*

- Su fuerza interior cae mal a la gente.
- No les importa pelear.
- Son resentidos y gustan de devolver el mal, aunque sea tarde.
- No quieren trabajar en equipo.
- Orgullosos y en parte despreciativos hacia los poco inteligentes.

**Cara de rey**

Huesuda, con mandíbula prominente y marcándose perfectamente los huesos de la cara. Se trata de una cabeza homogénea en la cual pueden darse por igual los malvados y los justos.

*Aspectos positivos*

- Notoriedad y deseo de liderazgo.
- Duros y persistentes en su trabajo.
- No admiten el desánimo.
- Salen victoriosos incluso en situaciones desastrosas.

*Aspectos negativos*

- Suelen frecuentar malas compañías.
- Son presa habitual de mafiosos y delincuentes.
- Egoístas.
- Desagradecidos con quienes les ayudan.
- Vengativos.

**Cara de montaña**

De abultados pómulos y frente estrecha, con una mandíbula cuadrada, suelen aparentar ser más tontos de lo que en realidad son.

*Aspectos positivos*

- Toman interés por cualquier cosa, aunque sea insignificante.
- Son tenaces y decididos.
- Se esfuerzan mucho en su trabajo.
- Suelen recibir ayuda de personas bondadosas.

*Aspectos negativos*

- Suelen ser frecuentemente infelices al confiar en la gente demasiado.
- Pueden ser malvados a causa del rencor.
- Tienen explosiones de violencia incontrolables.

## Cara de hierro

De aspecto tan duro como el metal que representan, suelen tener la frente tan ancha como la mandíbula, lo que les proporciona una gran respetabilidad.

*Aspectos positivos*

- Son íntegros e incorruptibles en sus creencias.
- Estables en su carácter.
- Honestos.
- Generosos.
- Controlan su agresividad.

*Aspectos negativos*

- Nunca encuentran el lado gracioso a las cosas.
- Cuando toman una decisión nunca retroceden, aunque sea errónea.
- Suelen ser desagradables con sus opiniones.
- Necesitan cambiar de casa y de pareja con frecuencia.

## Cara de balde

De frente ancha, lo mismo que la barbilla, no se le suele considerar como un rostro agraciado.

*Aspectos positivos*

- Encuentra siempre motivos para ser feliz.

- Mantiene la estabilidad incluso en circunstancias adversas.
- Es una persona equilibrada en su conjunto.
- Necesitan triunfar en la vida.
- Tienen ideas geniales.
- Orgullosos de sí mismos y sus convicciones.

*Aspectos negativos*

- Son melancólicos.
- Excesivamente soñadores.
- Amables.
- Necesitan habitualmente la aprobación de los demás.
- Esconden siempre una faceta oculta de su carácter.

# ANÁLISIS DE LA FRENTE

Frentes despejadas, frentes surcadas por arrugas o no tener dos dedos de frente, expresiones estas que tratan de reflejar algunas cualidades básicas del ser humano: claridad, experiencia y torpeza. No es que sea mucho para definir lo más esencial del comportamiento humano, pero es que parece ser que la frente no da para mucho más.

Hay quien se pone maquillaje en ella para ocultar las arrugas de la experiencia, mientras que otras se ocupan de taparla con flequillos y algunos prefieren despejarla en un intento de aparentar unos centímetros de más que no existen. Besamos en ella a los hijos y padres ancianos (mientras que para los amigos escogemos la cara), nos la apretamos en un intento de mitigar el dolor de cabeza y nos llevamos el dedo índice justo a la sien con la pretensión de que nos brille esa luz interior que no acaba de encenderse. También, la tocamos cuando queremos saber si existe fiebre o dejamos que nos pongan una corona de laurel cuando nuestra inteligencia lo merece.

**Tipos de frente**

- Frente ancha
- Frente estrecha
- Frente despejada
- Frente oculta
- Frente plana
- Frente redondeada
- Frente en punta

- Frente desigual

## Frente ancha

*Aspectos positivos:*

- Habitual en personas sencillas, en cierto modo nobles.
- Valientes de palabra aunque no de acción.
- Se adaptan con facilidad a circunstancias adversas.
- No culpan a los demás de sus desgracias.

*Aspectos negativos:*

- Resignados sin lucha.
- Temerosos ante las confrontaciones físicas.
- Poco ambiciosos.

## Frente estrecha

*Aspectos positivos:*

- Fortaleza física.
- Capacidad de supervivencia.
- No soporta la compasión hacia él.
- Sensual.

*Aspectos negativos:*

- Agresividad.

- Despreciativo hacia el dolor ajeno.
- No siente piedad.
- Poco apto para las letras.

**Frente despejada**

*Aspectos positivos:*

- Personalidad jovial.
- Sentido del humor.
- Adaptables.
- Sagaces.

*Aspectos negativos:*

- Nerviosos.
- Descuidados en el aspecto físico.
- Despreciativos.
- Asustadizos

**Frente oculta**

*Aspectos positivos:*

- Aprenden con rapidez.
- Elegantes.
- Valientes.
- Trabajadores.

*Aspectos negativos:*

- Rencorosos.
- Intransigentes.
- Soberbios.
- Despreciativos con los débiles.

## Frente plana

*Aspectos positivos:*

- Hábil para los negocios poco importantes.
- Trabajador.
- No le importa ensuciarse en su trabajo.
- Se adapta a las circunstancias adversas y sale de ellas.

*Aspectos negativos:*

- Mezquino en los negocios.
- Indiferencia ante el daño causado.
- Nada elegante.
- Avaro.

## Frente redondeada

*Aspectos positivos:*

- Orgulloso de sí mismo.
- Gran memoria.
- Se deja querer.

- Longevidad y belleza.

*Aspectos negativos:*

- Su poderío declina rápidamente.
- Piensa demasiado en el pasado.
- Fácil de engañar.

**Frente en punta**

*Aspectos positivos:*

- Intuición para triunfar.
- Emplea bien sus aptitudes
- Sensualidad no reprimida.
- Indiferente a las críticas.

*Aspectos negativos:*

- Amoralidad.
- Deseos de romper normas.
- Caprichosos.
- Derrochadores.

**Frente desigual**

*Aspectos positivos:*

- Ambiciosos.
- Rápidos para tomar decisiones.
- Inspiran confianza.

- Inteligencia.

*Aspectos negativos:*

- Impulsivos.
- Poco diplomáticos.
- Se hacen odiar con facilidad.
- Desaliñados, aunque no sucios.

# ANÁLISIS DE LAS CEJAS

Desde siempre han sido las cejas, especialmente en las mujeres, una zona difícil de analizar para averiguar peculiaridades de la personalidad, puesto que se las modifican demasiado como para saber cómo son en realidad. Cuando queramos analizarlas deberemos olvidarnos de las formas forzadas, de la depilación y por supuesto de la pintura que las pueda cubrir, tratando de encontrar cuáles son en realidad las líneas naturales.

Las cejas se mueven por instinto, pero también de manera voluntaria, unas veces para enfatizar una pregunta y otras para expresar sin palabras una gran cantidad de sentimientos.

Dicen que quien es capaz de contraer el ojo y la ceja izquierda de manera voluntaria alcanzará gran riqueza en su vida, mientras que si lo hace con la derecha la penuria le perseguirá siempre. Las cejas espesas nos indicarán buena salud en general y las delgadas, por el contrario, debilidad, aunque hay quien asegura que tiene más relación con el aparato renal que con la salud en general.

Una ceja de buen pronóstico deberá tener un color más claro que el cabello, lo mismo que es buen signo que sea algo más larga que la línea de los ojos. También otros estudiosos nos hablan de la distancia idónea entre el centro de la ceja y el ojo, alegando que para que todo esté bien debe tener el mismo ancho que el dedo índice.

Estas son las clasificaciones más universales y su relación con el carácter:

*Perfectas:*
El pelo debe ser brillante, con el comienzo redondeado y terminando en punta, sobrepasando el ojo por ambos extremos.
Indica belleza, energía y salud.

*Como escobas:*
El aspecto del pelo es similar a una escoba en la cual la base esté cortada o es desigual.
Cuando la zona de la nariz es más estrecha que el extremo que coincide con ella, nos indica que se trata de personas que aprenden pronto pero se cansan de su trabajo. Si es al contrario, si la parte más ancha es la primera, tardarán algo más en aprender pero sus habilidades son más sólidas.
En ambos caso nos encontramos con personas a quienes la fortuna no les acompaña toda la vida y por ello en ocasiones se pueden volver muy violentos. Suelen tener fuerte carácter y por eso se encontrarán a gusto como militares o en trabajos en los cuales puedan ejercer dotes de mando.

*De héroe:*
Ascienden rectas hacia el exterior, como cuando las arqueamos.
Inspiran confianza y nos muestran a personas muy equilibradas, dinámicas, entusiastas y con deseos de

ayudar. Son reflexivos a la hora de tomar decisiones y estas suelen efectuarse con toda eficacia. Ambiciosos profesionalmente, proporcionan seguridad a quienes les rodean.

### Desastrosas:
No tienen una forma definida y el pelo está igualmente desordenado, aunque es muy abundante.
Tienen problemas para concentrarse y están confusos a la hora de tomar decisiones. Cambian de opinión con frecuencia y aunque son agraciados no saben mostrar su belleza porque eligen muy mal su vestuario. Suelen estar insatisfechos con sus logros.

### Una más alta que la otra:
La altura hay que medirla en relación con los ojos y no con la frente.
Tendrán altibajos emocionales y es frecuente que cambien de pareja varias veces en su vida. Si en la zona más próxima a la nariz hay también pelos verticales que difuminan esa parte, indicaría una mala tendencia genética en el carácter, mientras que si hay zonas sin pelo en su recorrido sería un mal presagio.

### Ambas están juntas:
En este tipo existe siempre una zona pilosa entre las cejas y dado que las mujeres suelen depilársela es conveniente preguntar sobre esta posibilidad.
Suelen formar parte de personas con dotes de mando y gran agilidad mental para moverse en sociedad. Prefieren la acción a la reflexión y por eso no toleran a los intelectuales. En el fondo se deprimen con

facilidad y tienen malos presagios en su trabajo y salud. Todo ello les conduce a ser consideradas malas personas por quienes les rodean.

### Como un triángulo:

Espesas y con un pequeño triángulo formado hacia la mitad.

Denota un carácter valeroso, aunque con frecuencia egoísta. Sacan buen provecho mejorando las iniciativas ajenas, aunque también poseen una gran sabiduría personal.

### O como un cuchillo:

Intensas, tapando parcialmente el ojo y sumamente pobladas, proporcionan una mirada que en ocasiones intimida a la gente.

Aunque con frecuencia crueles con las personas y los animales, su inteligencia y decisión les hacen candidatos adecuados para dirigir a grupos de personas y protegerles.

### Si son muy cortas:

Cortas en longitud pero frecuentemente pobladas, no proporcionan una buena belleza a los ojos.

Las encontramos en personas frecuentemente coléricas, impacientes, vengativas y hasta rencorosas, aunque en ocasiones sumamente sensibles. Egoístas y aficionados a exigir más que a dar, no son personas en quienes se pueda confiar.

### O muy espesas:

Al igual que en las cejas en forma de cuchillo,

también éstas proporcionan una imagen algo tenebrosa, especialmente cuando el pelo es negro intenso.

La diferencia es que aunque se encuentran en personas de fuerte carácter, sus habilidades pueden centrarse en obras y trabajos muy humanitarios por su gran calidad como líder. El problema es que pueden convertirse fácilmente en dirigentes orgullosos, obstinados y poco dados al diálogo pacífico.

### Cejas delgadas:

En ocasiones hasta pasan desapercibidas y por ello si se dan en mujeres es frecuente que se las pinten para que parezcan más grandes.

Suelen ser personas débiles de salud, poco trabajadoras y que gustan de dedicarse a labores en las cuales se haga poco ejercicio físico. Tienen un gran deseo por demostrar a los demás una fortaleza de carácter que en realidad no poseen.

### Cejas pálidas:

No hay que confundirlas con las cejas de la vejez, blancas o grises.

Espontáneos y poco previsores, pueden vivir bien si no tienen que tomar decisiones importantes en su trabajo y cuentan a su lado con alguien que les dé un empujón de vez en cuando. De no ser así, serán candidatos a la pobreza, lo que unido a su poca fortaleza física, les creará serios problemas.

### En forma de ocho:

El número ocho se refiere al número chino que es un

arco invertido.

En ellos se pueden dar dos contradicciones, puesto que los hay honrados y deshonestos, pero en ambos casos dotados de un carácter agradable que hace que la gente confíe en ellos.

### Como una luna nueva:

Ahora el arco es normal, pero sumamente acentuado, casi redondo.

Las encontramos en personas sensuales, apasionadas y a quienes no les importa demostrar su intensa vida sexual. Si se da en mujeres será estupendo tenerlas por compañeras, pero en hombres es posible que gusten de ir de flor en flor.

### Las que ocultan los ojos:

Casi ocultan las cejas superiores y no existe prácticamente una línea divisoria de suficiente grosor.

Se dan en personas carismáticas, con dotes de mando, creativos y valientes afrontando nuevos retos. Por desgracia, también pueden derivar hacia el despotismo y la crueldad.

### Hacia abajo:

Nos referimos al pelo de las cejas, cuyo crecimiento es ahora al revés.

Descontentos con su destino, pueden tener enfrentamientos con su familia y amigos, aunque la fortuna les puede dar un cambio rotundo a su vida con el paso de los años.

*Muy rizadas:*

Atractivas, aunque imperfectas, suelen estar situadas encima de un saliente hueso.

Son personas que gustan al otro sexo pero de quienes no hay que fiarse mucho, puesto que utilizan a los amores como pañuelos de un solo uso. Desordenados, inconstantes pero sexualmente atractivos, terminan no siendo queridos seriamente por nadie y así encuentran la horma de su zapato.

## ANÁLISIS DE LA MIRADA

Aunque la mirada, la forma de mirar, tiene una relación directa con la morfología de los ojos, en este capítulo trataremos preferentemente de ese detalle, la mirada, tan clarificante de nuestro yo interno que es casi imposible equivocarse al evaluar las verdaderas intenciones de nuestro prójimo. Será porque los ojos están conectados mucho más cerca de nuestro cerebro que cualquier otro órgano o porque la naturaleza nos ha querido dotar de un modo de expresión de lenguaje universal, lo cierto es que las miradas pueden matar, taladrar, quemar y ser frías como el hielo, apasionadas, llorosas e implorantes, entre otras facetas.

¿De qué depende esencialmente una mirada determinada? ¿De la forma externa de los ojos? ¿De las cejas y pestañas? ¿Quizás del color?.

Pero antes de analizar los diferentes tipos de mirada sería conveniente que repasáramos un poco la fisionomía y fisiología de los ojos, puesto que de no ser así podemos llegar a falsas evaluaciones. Los ojos expresan sentimientos, cierto, pero también padecen enfermedades y son muy sensibles a la luz. Por ejemplo: sabemos que se puede llorar por agentes irritativos como la cebolla o la alergia, o estar sumamente dilatados por efectos de un schock o drogas. Una mirada caída puede ser síntoma de vejez prematura y unos ojos pequeños pertenecer a un miope.

La luz juega un papel importante en el tamaño de la pupila puesto que si hay poca aumenta su tamaño para captar más luminosidad y si hay mucha se contrae para impedir que entre mucha. El parpadeo involuntario tiene una relación directa con el tiempo que la luz va a incidir en el ojo, lo mismo que sirve para mantenerle adecuadamente lubricado. Las pestañas superiores hacen de parasol, también de filtro, mientras que las inferiores acentúan ese efecto pero solamente cuando el ojo está cerrado: entre las dos forman un bloque que impide que entre la luz. Por último, las cejas recogen el sudor evitando que entre en el ojo y la bolsa del lagrimal es nuestra reserva hídrica en conexión directa con el sistema límbico.

### Diferentes modos de mirar:

### Mirada de poder:
No siempre la mirada de poder es penetrante y agresiva, puesto que en ocasiones la persona que la ejerce se limita a recorrer nuestro cuerpo en busca de un defecto o comparación. El poderoso es altivo, con

su barbilla tocando el cielo, pero quiere saber lo débil que son los demás mirándoles desde arriba, suponiendo que pueda. Necesitan evaluar continuamente a los demás y la mirada es su mejor escáner.

**Mirada evasiva:**
No se crea que todas las personas que no miran directamente a los ojos es porque esconden maldad en sus corazones. Ciertamente suelen esconder algo, pero con frecuencia es temor, indiferencia, desinterés o complejos que salen a relucir en ese momento.
Tenga en cuenta que la persona agresiva, y especialmente quien desea hacer daño, le mirará directamente a los ojos. La mirada evasiva deshonesta, la que implica rencor o maldad, suele ir acompañada por una posición determinada de la cabeza. Se puede mirar "de lado" a una persona malvada a la cual nos gustaría llamar la atención pero que no consideramos necesario o prudente hacerlo. También miraremos de lado cuando estemos esperando nuestra oportunidad en circunstancias complejas, como escapar de alguien. Del mismo modo, la mirada evasiva la emplearemos cuando queramos observar a alguien sin que sospeche que le estamos mirando.
En resumen, una mirada, para que sea evasiva, debe de ser fugaz. Desconfié, no obstante, de aquellas personas que mantienen su cuerpo erguido o en tensión, con la cabeza bien alta y que observan a su alrededor tratando de ocultar sus ojos. Están

evaluando sus posibilidades de agresión y su ataque está próximo si le damos oportunidad para ello.

**Mirada triste:**
¿Por qué lloramos cuando estamos tristes?. Sencillamente para tratar de expulsar nuestra pena al exterior. De no ser así, nuestras tristezas terminarían por hacernos daño a órganos vitales, como el corazón o el hígado. Unos ojos llorosos, muy húmedos, en primer lugar, indican una persona que no es feliz habitualmente, eso lo sabemos todos, pero hay que distinguir entre llorar y tener los ojos tristes. Una mirada triste no se produce por una desgracia brusca, cercana, sino que solamente es producto de muchos años de dolor interno, especialmente de incomprensión. Nadie es capaz de generar una mirada triste a una persona en un solo día; se necesita mucho tiempo para hacerla así. Los niños, por ejemplo, no suelen tener una mirada triste, puesto que sus males se generan y corrigen con rapidez, pero esa mirada es habitual en muchos ancianos, independientemente del nivel económico que posean. Solamente mirando atrás es cuando podemos saber el trato que hemos recibido de los demás, sabiendo que solamente duele el mal trato de aquellos a quienes queremos.
Hay ya mucha gente que afirma que si quiere saber la bondad o la maldad de una persona hay que observar cómo trata o averiguar cómo ha tratado a sus padres ancianos. Cuando una persona ya no nos puede dar nada, ni siquiera protección, es cuando tenemos que demostrar que dentro de nuestros sentimientos existe algo bueno.

**Mirada penetrante:**
Es una forma de mirar que turba, que inquieta a quien es objeto de ella, especialmente si el contorno de sus ojos es negro y están plenamente abiertos. No existe agresividad en estas personas pero poseen el desagradable defecto de clavar los ojos en las personas, en ocasiones de forma deliberada. Habitualmente son personas algo más altas que la mayoría, puesto que de otro modo su mirada inquietante se podría eludir con facilidad. Es inútil tratar de sostenerles la mirada, puesto que para ellos es un juego en el cual están acostumbrados a ganar.

Para las mujeres este gesto en los hombres es sumamente desagradable y lo suelen definir como "me desnudó con la mirada", truco que emplean algunos varones para intimar por la vía rápida.

**Mirada con sueño:**
No hay que confundir tener sueño realmente con mostrar unos ojos somnolientos. Los párpados superiores semicerrados es una característica genética de algunas personas y no corresponde casi nunca a un estado de cansancio. Este tipo de mirada suele corresponder a personas sumamente sensibles, individualistas y que no gustan de acudir a fiestas o reuniones multitudinarias. Con frecuencia poco ordenados, suelen ser víctimas de gentes con pocos escrúpulos, aunque suelen salir airosos de situaciones conflictivas aparentemente complicadas. Pueden triunfar en la vida si encuentran, por fin, quien crea en ellos y sus buenas cualidades intelectuales. En el cine

tenemos unos ojos de sueño típicos en el rostro de la actriz Bette Davis.

### Mirada honesta:
Una persona honesta mira directamente a nuestros ojos durante bastante tiempo, mientras que la deshonesta mirará igualmente fijamente, pero durante poco tiempo.

### Mirada tierna:
Ya sabemos que nuestros abuelos, y los padres, cuando miran a sus hijos más pequeños, suelen poner esa mirada tan delicada que para muchos es empalagosa y para otros el delirio del amor universal. Esa mirada la solemos poner todos, o casi todos, cuando miramos a un cachorro o bebé haciendo sus cositas, lo mismo que cuando alguien mayor está ya acabado y enfermo. También es frecuente en quien se siente mal tratado por alguien a quien ama o cuando leemos pasajes de santos y profetas. De igual modo, ¿quién no ha puesto una mirada tierna cuando un policía nos pone una multa justa o cuando un inspector de Hacienda nos está interrogando?

### Mirada sensual:
Los ojos están abiertos al máximo, algo menos en las mujeres, como siendo conscientes de todas las intensas sensaciones que vamos a recibir. Las pupilas ampliamente dilatadas, mientras que los músculos orbitales están en una tensión total, como la mayoría de los músculos corporales. Hay en ellos mayor aporte sanguíneo (la pasión encendida, que dicen) y los

párpados parecen que se han quedado inmóviles para no perder detalle. Curiosamente, cuando el entusiasmo se convierte en delirio y el abrazo amoroso es ya un hecho, los ojos se cierran lánguidamente para que ninguna sensación se escape al exterior. El universo debe desaparecer de nuestro entorno y no es extraño que seamos capaces de aislarnos incluso en presencia de personas, hasta el punto de que nos tengan que llamar al orden.

Cuando dos personas comienzan a gustarse, en una reunión, por ejemplo, sus miradas son en principio intensas, abiertas. Pero cuando su interés aumenta y con ello el deseo sexual, las miradas se vuelven lánguidas, dejan de mirar al exterior, y son capaces de seguir ese cortejo incluso con su cónyuge al lado.

**Mirada de amor:**
Puede confundirse con la anterior, especialmente si hablamos de parejas enamoradas, pero la mirada pasional y la amorosa tienen sensibles diferencias, aunque pueden ir unidas. La mirada de cariño no es muy amplia, no se dilatan los ojos al máximo, pero es brillante y con un rictus de tristeza. Parece que el amor nos produce miedo, como si tuviéramos la sensación de que no puede durar mucho y por eso hay siempre cierta dosis de tristeza en el amor intenso. Tenemos miedo de perder a quien amamos, lo mismo que de que nos dejen de amar, quizá porque somos conscientes de que la felicidad solamente llega en pequeñas dosis y no cuando la necesitamos.

## Mirada airada:

La persona agresiva intentará taladrar con su mirada la nuestra y por eso su movimiento irá acompañado de una cabeza y cuerpo en dirección a nosotros y gran tensión muscular en su cara. Los ojos están abiertos al máximo, la mirada es fija y apenas hay parpadeo. Este hecho, la ausencia de parpadeo, es para no perderse ni un detalle y son capaces de mantenerlo durante mucho tiempo. Si, al mismo tiempo, fruncen el ceño es señal de que, junto con su irritación, están analizando la situación y nuestro comportamiento. Aunque su actitud siga siendo hostil es el momento de intentar responder a su agresión o razonar.

En los momentos de crisis sus ojos se le salen de las órbitas y es imposible cualquier razonamiento con ellos puesto que su intolerancia e ira es absoluta.

## Mirada de alegría:

Cuando alguien acaba de recibir una buena noticia sus ojos se abren enormes, más de lo imaginable hasta ese momento. Sus pupilas se dilatan hasta cuatro veces su tamaño habitual independientemente de la luz ambiental.

## ANÁLISIS DE LA BOCA

Por ahí comemos y por ahí amamos; con ella mentimos y con ella mordemos.

Curiosamente y por razones aún no muy claras, cuando hablamos con una persona que nos gusta solemos poner nuestros ojos más veces en su boca que en su rostro. Y este dato no es solamente entre personas de sexo contrario, sino con familiares y amigos. Para los psicoanalistas pudiera ser porque se trata de la vía de entrada al interior de nuestro cuerpo y la que nos puede llevar a saber todo sobre los pensamientos de nuestro interlocutor, mientras que para los psiquiatras será porque damos más importancia a las palabras que a los hechos.

Y es que con la boca solemos rezar a Dios y maldecir a nuestros enemigos, quizá en el mismo día, lo mismo que besamos a nuestro amante y escupimos a nuestro cónyuge, posiblemente también en el mismo día. Con la boca mordemos el anzuelo, nos atragantamos, se nos cae la baba y hasta somos capaces de pedir papel higiénico cuando saludamos al Presidente del Gobierno, más o menos como hizo Tom Hanks en "Forrest Gump".

Hay quien tiene miedo, con razón, de la velocidad con la cual una calumnia recorre el mundo, más rápidamente que cualquier carta, sabedores del daño que una lengua afilada puede hacer contra una persona. Por eso, el filósofo Confucio insistió en que no hay que hablar cuando se come ni cuando se está en la cama, consciente de que lo que decimos en ese momento no corresponde a la realidad.

Palabras tiernas y grandes promesas, luego olvidadas, se dicen en el lecho cuando hacemos el amor, lo mismo que hay quien confía en los negocios que se cierran con un brindis en lugar de con un contrato debidamente firmado.

Y sobre el tamaño de la boca y sus características también hay discrepancias, según para lo que la queramos. Si se trata de besar a un amante mejor que sea jugosa, aunque para besos entre amigos o familiares la saliva es algo grosero. Para realizar sexo oral una boca grande es estupenda, pero a la hora de comer puede ser desagradable, especialmente si estamos degustando queso Roquefort.

## LOS LABIOS

**Labio superior grueso:**
Quien tiene el labio superior más grueso que el inferior es posible que esconda maldad en sus propósitos. Suelen ser amantes de la carne, aunque al cabo de los años no es extraño que se vuelvan vegetarianos. Junto a ese labio grande se suele esconder una lengua mordaz que gusta mucho escuchar en reuniones sociales.

**Labio inferior más grueso:**
De naturaleza débil y con frecuencia evasivos ante los problemas y dificultades, suelen encontrarse a gusto en ambientes artísticos o en donde se valore la sensibilidad y la delicadeza. Pueden ser personas que triunfen como actores o animadores.

**Labios delgados:**
Son lo más opuesto a la sexualidad y por eso sus portadores suelen derivarse a actividades intelectuales. Mezquinos en ocasiones, aunque aparentemente discretos y educados, son personas que no se callan nunca sus opiniones y deseos, aunque para manifestarlos emplean más sutileza que gritos o exigencias. La actriz Jodie Foster es un ejemplo de labios delgados.

**Ambos labios gruesos:**
Nos encontramos ahora con personas rencorosas, que se lamentan de día y de noche y cuya abnegación en la vida llega a ser exasperante. Trabajadores rutinarios, no suelen destacar en actividades intelectuales, aunque pueden encontrar la felicidad llevando una vida monótona, tranquila y muy social.

**Labios con rictus descendente:**
 Los vemos con demasiada frecuencia en los ancianos, síntoma de que el repaso a su vida pasada les produce amargura y malhumor, mientras que el futuro no se muestra nada halagüeño. Habitual en personas malhumoradas, los cuales gustan de culpar de todos sus males a los demás, y cuya única concesión a una sonrisa es cuando alguien les hace cosquillas.

**Morritos:**
Habitualmente muy activos y con facilidad para ganarse la simpatía de las personas, aunque no necesariamente su fidelidad y aprecio, se les identifica

con personas joviales que gustan de bailar indefinidamente. Llegan a alcanzar la felicidad en la vida si consiguen moverse con libertad. Como defectos encontramos en ellos a personas irritables con facilidad, egocéntricos y que no saben consolar al afligido.

**Labios en rictus:**
Expresan disgusto o rebeldía, que tratarán de resolver con más peleas que razonamientos. Trabajadores y muy amantes de lo que se considera buena vida (trajes, comida, bebidas y muchas diversiones), tenemos la máxima expresión del rictus en el actor Humphrey Bogart.

# CAPÍTULO DOS

## La genética

## MODOS DE CONOCER A LAS PERSONAS EN FUNCION DE SU MORFOLOGIA

### Cerebral activo:

Toda su energía proviene del cerebro. Todo cuanto ve, oye y hace debe analizarlo y entenderlo. No efectúa ninguna acción o movimiento hasta que no lo ha entendido correctamente. Cada opción o decisión la desmenuza en varias etapas y no pasa a la siguiente sin haber comprendido la primera. Si no encuentra una lógica en lo que hace prefiere preguntar antes que atreverse a hacer algo a lo que no encuentra sentido. El problema es que sus razonamientos están ya fijados de antemano y es difícil lograr que los cambie; está excesivamente influido por ellos, por sus experiencias y condicionantes. Cualquier cosa que vaya en contra de sus primitivas ideas será rechazada.

Pone excesivo énfasis en el aspecto material de las cosas (aunque él prefiere llamarlo "aspecto práctico") y no logra integrarse en el plano espiritual, aunque lo acepta. Su mayor interés se centra en memorizar nombres, datos y cuantas referencias existen sobre hechos similares al suyo, para sentirse arropado en su decisión. Si otros lo han hecho, alega, es porque da buen resultado. Por eso, si se equivoca en realidad no es por su culpa.

Da mucha importancia a los rangos, los títulos, los trofeos y las ceremonias. Es más un teórico que un práctico y prefiere entender las cosas mentalmente en lugar de probarlas él mismo. No está interesado en absoluto en nada que implique un intenso esfuerzo físico y cuando tiene que poner en práctica algo que entrañe peligro o dificultad física prefiere evadirse y se siente mas a gusto analizándolo como espectador.

Tanta importancia da a sus conclusiones, que la mayoría de las veces prefiere no actuar si esto conlleva el riesgo del error. El verdadero problema que se le planteará es que a fuerza de no probar muchas de sus teorías nunca sabrá la verdadera dimensión de ellas y tampoco experimentará las emociones, tanto negativas como positivas, que se derivan de su práctica. Cuando alquilen le plantea lo erróneo de su postura, negará con fuertes razonamientos todo lo que le dicen, si con ello consigue evitar tener que actuar.

Está tan perfectamente emparejado con su pensamiento que cualquier otra postura ni siquiera la tiene en cuenta. Es más, nunca ha pasado por su mente el que exista algo diferente a su opinión; sus orejeras de caballo le impiden ver el resto del mundo.

### Cerebral pasivo:

A diferencia del anterior, el cual necesitaba encontrar reacciones mentales a todo lo que hacía, en el pasivo serán las reacciones físicas las que le marquen. Está pendiente de todo cuanto su cuerpo siente en cada movimiento y rechazará o admitirá lo que vea en función de su respuesta corporal.

Pero por el mismo motivo, cualquier alteración física desagradable, ya sea por su trabajo o por enfermedad, ocurrida durante sus labores o cuando está sentado descansando, la achacará al trabajo en si. Y suponiendo que el malestar sea importante o continuado, se convertirá en un enemigo del jefe, trabajo o profesor. Son esas personas a quienes les duele la cabeza a causa de, o por culpa de; que no tienen ganas de trabajar por causa de, o que si están enfermos la culpa la tiene alguien en concreto.

Con frecuencia se deja influenciar en demasía por rumores u opiniones indemostrables, aunque sepa con certeza que no son ciertas y la opinión de los demás les condiciona con frecuencia. Serán candidatos a asociaciones y grupos diversos en los cuales se habla mucho y se hace nada, en contra de todos y a favor de entidades a quienes ni siquiera tratan directamente. Son los que siempre dicen que hay que hacer algo y que ese "algo" lo tiene que hacer el gobierno, el alcalde o las instituciones.

Al no atreverse a contradecir a los demás, salvo que se encuentren arropados por sus amigos, y al tener que tragarse sus propias ideas sin ser capaces de defenderlas en solitario, su cuerpo acusa esas represiones y comienzan los dolores frecuentes y las contracturas musculares. Pero si en alguna ocasión tiene la valentía de hablar ante sus opositores, lo hace con las ideas de otro, esperando de esta manera no ser contradecido. Suelen empezar sus alegaciones con frases como, "decía Felipe II...", o "según las teorías más modernas...", para conseguir así que alguien le escuche sus comentarios, puesto que está seguro que si empieza diciendo "según mi opinión...", se quedará solo, sin nadie que le escuche.

Este tipo de persona pondrá entusiasmo solamente en aquellas facetas de la vida o del trabajo que le salgan correctamente y mucho más en aquellas por las que hayan sido objeto de halago en alguna ocasión, aunque provenga de su madre. No obstante, no todo es negativo en este tipo de persona, puesto que si logran un buen puesto en la sociedad, se convertirán en ciudadanos entusiastas.

**Pulmonar activo:**

Son personas de gran vitalidad y necesitarán siempre grandes estímulos para sentirse a gusto. Despúes de una explicación teórica estarán impacientes por ponerla en práctica, ya que su exceso de energía les impide permanecer tranquilos a menos que se pongan en movimiento.

Sus razonamientos sobre el ejercicio o el trabajo se efectúan sobre la marcha, mientras lo ejecutan. De esta manera se corrige a sí mismo según los resultados prácticos, desechando todo aquello que no tiene una utilidad real, comprobada por él mismo.

Su cuerpo se asemeja a un triángulo invertido, con el vértice hacia abajo, y en sus anchos hombros radica su energía. De porte atlético, desenvuelto y emprendedor, estará dispuesto a realizar cualquier acción si ésta es práctica para él, aun a costa de hacer daño a alguien. Son los trepas, los ejecutivos implacables y quienes suelen ir por la vida alegando que gane el mejor.

Como trabajador suele ser valiente y decidido, no conociendo a nadie a la hora de una confrontación en pos de un empleo o una venta, ya que encuentra normal anular y desacreditar a su adversario; a fin de cuentas para eso están intentando ambos lo mismo. Ni siente piedad por su contrincante vencido, ni se enorgullece de ganarle. Sencillamente, ha hecho lo que le han pedido, ganar a su adversario. Son personas idóneas para ejercer de guardaespaldas, de verdugos y hasta de terroristas, ya que su energía necesita ser consumida en acciones temerarias.

Hacen alarde de dominar perfectamente sus emociones y no sentir lástima o piedad por su oponente, pero esta situación les obliga a ser generosos de vez en cuando, con el fin de justificar así su indiferencia ante los problemas ajenos. Por tanto, el bien que hagan será siempre de tipo material y pondrán especial cuidado en que los demás lo sepan.

Personas así abundan más que la mala hierba y las podemos encontrar en padres que gustan de manifestar su cariño mediante regalos costosos que luego tienen que enseñar a los demás, en quienes no dudan en colarse sin piedad en una larga cola o en quienes hablan mal de un compañero de trabajo para buscar su despido. En tiempos de guerra son los policías ideales para reprimir a la oposición.

Suelen ser mentirosos si con ello consiguen defender sus intereses y si son mujeres valorarán a su marido en función de su fortaleza y de la habilidad para ganar dinero.

Como trabajador, se podrá sacar un buen partido de él, tanto en cuanto a rendimiento como en efectividad, siempre y cuando reciba beneficios de su trabajo; en caso contrario, dejará pronto de rendir y se convertirá en un mal empleado.

**Pulmonar pasivo:**

Son personas a las cuales les resulta muy difícil exteriorizar sus emociones y se conforman con decir grandes palabras, dar fáciles soluciones para todo o tener maravillosos sueños, pero que nunca se materializan en actos concretos. Buscan convertirse en héroes, ídolos o simplemente atraer la atención pero de una manera fácil, diciendo a los demás lo que tienen que hacer y lo maravilloso que sería el mundo si las cosas se hicieran según sus indicaciones.
En el trabajo y la familia dan consejos, instrucciones y soluciones para cualquier asunto, aunque ellos mismos permanecen al margen de la acción directa. Cuando por fin se deciden a actuar lo hacen de una manera irreflexiva, inconsciente y sus actos suelen ser entonces negativos y dañinos. Son aquellas personas que sufren por la suerte de los demás, por los marginados o por los habitantes del tercer mundo, y que sueñan con ir allí a luchar por la libertad y contra la pobreza. Nunca irán a ningún sitio, por supuesto, pero se han puesto ya a sí mismos una aureola de santidad y cuando por fin hacen algo suele ser dañino para otras personas. Pueden llegar a quemar coches en una manifestación, destruir una plantación entera de

eucaliptos o tirar huevos podridos a alguien popular. Ese día para ellos ha sido el más feliz de todos, puesto que, por fin, ha tenido el valor de hacer algo "positivo".

La histeria es su rasgo más característico en esos momentos en los cuales deciden pasar a la acción después de pasarse largos días deseando cambiar las cosas. Por desgracia, en vez de polarizar sus deseos en un sentido práctico y positivo, tal como lo habían soñado, hacen daño a las personas, pero se lo hacen en público y acompañado, nunca en solitario. Necesitan que los demás sepan la lucha interior que sufren, aunque sea a costa de destrozos o atentados. Cuando logran que la gente se entere de su problema interno, se empiezan a relajar y pueden aparentar grandes sufrimientos, solamente por el hecho de atraer la atención.

En el trabajo son personas atrayentes, con fama de idealistas y se consideran así mismos con cualidades para líderes, pero si no logran sus fines traerán problemas a su empresa, ya que serán capaces de encararse con sus compañeros y provocar serios altercados para llamar la atención y calmar así su angustia.

Son trabajadores decididos y aunque no excesivamente valientes, su orgullo les dará el coraje suficiente como para intentar mejorar en el trabajo. Si no lo consiguen, no aceptarán de buen grado la derrota e incluso pueden llegar a criticar a sus jefes por sus decisiones erróneas.

## Digestivo activo:

Este es un tipo de persona que se da con mucha frecuencia y en el cual su cuerpo parece estar dividido en dos partes perfectamente opuestas, mente y cuerpo. Una acusará siempre la mayor cantidad de dolores y malestares, mientras la otra, al mismo tiempo que se ve libre de problemas, será la parte más diestra de su organismo. Es como si tuviera un lado más torpe y pesado que el otro. Cualquier esfuerzo o insistencia que haga para equilibrar ambas partes será inútil y la única solución está en dejar el lado más hábil para las funciones más importantes y decisivas, y el otro solamente para acompañarle en la vida.

Disfruta de los placeres de lo que él entiende por buena mesa y a causa de su gran apetito suele tener enfados frecuentes y se excita con facilidad. De aspecto jovial, extrovertido, puede ser un buen compañero siempre y cuando no se le provoque en demasía; llegado a este punto su respuesta será violenta, dañina en extremo y quizás se regocije con el daño infringido a su adversario.

De apariencia obesa y grandes caderas, será un mal ejecutor de labores manuales en las cuales se requiera sensibilidad, así como en trabajos muy rápidos.

Afectivamente no suele dar problemas y se gana la simpatía de sus compañeros con rapidez, centrando sus preferencias en aquellas personas que le caen bien, aunque la lógica le demuestre que no son dignas de crédito.

Si tiene que reflexionar sobre algo, meditarlo y tomar una decisión, se verá sumido en un proceso tormentoso, ya que no le gusta analizar las cosas sino solamente dejarse guiar por sus apetencias. Cuando improvisa una acción lo hace desafortunadamente, ya que prefiere el juego al cálculo.

**Digestivo pasivo:**

De características físicas similares al anterior, se diferencia básicamente en su comportamiento pasivo, tranquilo y taciturno. De apariencia bonachona, es muy sensible a los sentimientos y problemas ajenos aunque le cuesta mucho dar la cara para ayudar a sus semejantes. Si llega a hacerlo, será después de un largo período de luchas interiores, ya que aunque sufre por el desvalido no se atreve a arrancar decididamente en ayuda del débil.

Dócil en el trabajo, se podría sacar mas partido de él si se consiguiera hacerlo explosionar de vez en cuando. En las confrontaciones se deja apabullar con demasiada frecuencia, aunque pueda vencer con facilidad a su oponente, incluso físicamente. No lo hace porque tenga miedo a su adversario, sino porque prefiere que se desahogue el otro antes que tener que agredirle. Su problema es que no logra encontrar un término justo a su agresividad y si llega a explosionar lo hará después de mucho aguantar y quizás desmedidamente, aunque su ataque será violento pero nunca despiadado. Constituirá más una llamada de atención a su adversario que un deseo de vencerle.

Su comportamiento y presencia en el trabajo y la vecindad suele pasar desapercibido y solamente manifestará sus opiniones y sentimientos en circunstancias extremas. Incluso, cuando se le pregunte su opinión dará evasivas, a pesar de que en su interior oculte conceptos verdaderamente interesantes. Si le forzamos a hablar nos dirá cualquier cosa opuesta a sus verdaderos sentimientos, si con ello consigue que le dejemos en paz.

## EL PORTE

Ahora vamos a analizar la postura de las personas en pie, sin andar y ni siquiera contar con algún apoyo. Imagínense a una persona a punto de ser examinada, en donde el tribunal está sentado amparado en su mesa mientras que el examinado se tiene que mantener en pie, sin moverse del sitio y soportando las miradas escudriñadoras de los jueces. En estas ocasiones es cuando más desvalidos nos encontramos y por eso es cuando nuestro verdadero carácter aflorará con mayor intensidad. Los aparentemente poderosos se pueden derrumbar en los primeros minutos, mientras que los mentirosos no podrán ocultar sus mentiras y los débiles aprovecharán para sacar, por fin, su fortaleza interior. En estas circunstancias, y de eso saben bien los torturadores políticos cuando realizan el interrogatorio con el preso desnudo, estamos absolutamente solos y nada podemos ocultar.

El porte de una persona es, por tanto, esa expresión natural que adoptan las personas cuando nadie las mira, cuando ni siquiera tienen que mantener una pose estética o agraciada. Las podemos encontrar en las personas que esperan una cola prolongada, en las que miran un escaparate, y en las que observan un desfile o unos obreros trabajando. Podemos aprender más de esas personas observándolas un momento que durante una larga conversación con ellos. Incluso podemos aprender sobre su salud, puesto que muchas posturas nuestras están condicionadas por estados morbosos que ni siquiera conocemos pero que nos marcan nuestro aspecto exterior, justo cuando nadie nos mira.

**¿Nuestra pose es un reflejo de la personalidad, o de lo que quieren los demás que seamos?**

¡Ponte así, muévete asá o estáte quieto!. ¡No cojas eso así, mejor asá y no te muevas!. ¡Camina así, no andes asá y párate cuando te lo diga!.
Estas frases las hemos escuchado tantas veces desde pequeños que forzosamente nos han tenido que condicionar nuestros instintos genéticos. Una persona recibe tantas indicaciones sobre cómo debe estar en cada lugar determinado que es muy probable que con los años no llegue a ser ni siquiera un esbozo de su verdadero yo. Finalmente, arrugado y replegado sobre sí mismo, comenzará a mostrar multitud de señales en su cuerpo indicando que sigue teniendo miedo de equivocarse, tanto como cuando era niño. Ahora ya no recibirá castigos directos, pero posiblemente pierda un empleo por no saber "estar", no tenga éxito social por no adoptar una pose de moda y hasta es posible que su cónyuge le siga martirizando por no ponerse correctamente cuando es presentado. Los censores de nuestro cuerpo siguen a nuestro lado durante toda la vida, obligándonos a mantenernos artificialmente derechos cuando en realidad desearíamos relajarnos un poco y permanecer quietos cuando lo que nos pide el cuerpo es un mínimo de vaivén y movimiento para no entumecernos.

## Situaciones especiales de tortura corporal impuesta por las normas sociales

1. Una fiesta social en la cual estaremos en pie la mayor parte del tiempo, con una copa en la mano, mientras que la otra debe estar simuladamente relajada.

2. Una sala de teatro y muy especialmente un concierto, sentados en unos habitualmente incómodos sillones, sin poder estirar las piernas y con pocas posibilidades de salir a dar un paseo en medio de la función.

3. La sala de espera de las consultas médicas. Si estamos allí es porque nos sentimos enfermos, por tanto, no se permiten cuerpos erguidos, frentes altivas y ni siquiera sonrisas. Debemos simular que estamos tan enfermos que no hay concesiones a sentirse optimistas.

4. La sala de un juicio. Los jueces, fiscales y abogados, con sus miradas penetrantes sobre nosotros, nos cohiben y nos dejan solos ante el peligro, mientras ellos permanecen cómodamente sentados y parapetados en sus privilegiados lugares.

5. Un centinela absurdamente obligado a pasarlo mal mientras está de guardia. Por algún motivo las guardias deben ir unidas al sufrimiento, más que a la efectividad de su misión.

6. Escolares en perfecta formación mientras esperan que alguien, que lógicamente acaba de llegar, les haga moverse ¡por fin! hasta sus clases, siempre en perfecto orden.

7. Niños que deben permanecer quietos horas y horas sentados en sus pupitres, algo que va en contra de sus propias necesidades físicas, mientras que el profesor se da largos paseos e incluso dice eso de ¡ahora vengo!.
8. Cualquier lugar de trabajo habitual en el cual las posibilidades de estirarse bruscamente están tan mal vistas que hasta pueden ser objeto de sanción.

**Algunas cosas que pueden ocasionar que nuestro cuerpo empiece a sentirse francamente mal**

He aquí una corta lista de situaciones por las cuales nuestra postura, que en principio debería ser armoniosa y estilizada, termina siendo solamente un esbozo de nuestro verdadero carácter. Cuando veamos a alguien cuya postura natural, aquella que se mantiene cuando creemos que nadie nos observa, es desaliñada o desgarbada, retorcida o inestable, deberemos dar por hecho que algo le ocurre desde hace años para acabar así. Estos son algunos de esos infelices:

• Personas que tienen que pasar largos años de su vida en casas o apartamentos en los cuales no pueden modificar ni un clavo. Esto ocurre cuando vivimos de prestado en casa de un familiar o si alquilamos una habitación amueblada con derecho a cocina. La imposibilidad de modificar nuestro entorno habitual según nuestras necesidades y gustos personales, nos cohibe y nos produce deformaciones en nuestro cuerpo.

- Personas que viven bajo la tutela de padres estrictos que no le dejan poner nunca los pies encima de la mesa, dar saltos de alegría o tumbarse a descansar libremente en el suelo.
- Quienes nunca pueden manifestar sus deseos de gritar, reír, sonreír o maldecir.
- Quienes pasan largas horas en trabajos que le obligan a estar siempre en condiciones perfectas de etiqueta, cuidando con todo detalle su lenguaje y hasta el más mínimo movimiento.
- Quienes trabajan en profesiones cuya misión es atender al público, como azafatas, camareros, porteros o recepcionistas, obligados a sonreír siempre y a no poder expresar nunca su propia opinión.
- También, y estos son la mayoría, quienes trabajan toda su vida en profesiones de subordinación, sin llegar a sentir nunca lo que supone mandar y hacer en todo momento su voluntad.

Bueno, estas son cosas que nos llegan casi impuestas por la vida y de las cuales no nos podemos escapar con facilidad, pero es que hay otras que las hacemos voluntariamente sin darnos cuenta de la mortificación que ello supone. Por ejemplo:

- Tener que presentar todos los días de nuestra vida un aspecto impecable; bien lavados, perfumados y vestidos. En este sentido, las mujeres son más esclavas que los varones de su imagen y dedican muchas más horas que nosotros a estar impecables ante la sociedad, lo que lógicamente las proporciona menos horas al día de relax.

- Llevar zapatos o vestidos que van en contra de nuestra anatomía y que nos obligan a caminar y poner nuestro cuerpo en orden hora tras hora, solamente para que los demás nos sigan dando su aprobación, lo que no es sino una forma voluntaria de esclavitud.

- Hacer gimnasia agotadora diariamente para poder mostrar posteriormente los resultados a los demás. Nos mortificamos una hora al día para gustar, pero como no todos hacen lo mismo quizá llegue un día en que pensemos que estamos haciendo el tonto.

- Afeitarnos todos los días cuando lo normal es que crezca la barba. Y eso va también por la depilación.

**Estas son algunas señales corporales de que nuestro cuerpo necesita urgentemente un reajuste. Si usted está libre de ellas pero las observa en alguien de su entorno, sepa que esa persona tienen problemas personales aunque no los exteriorice con palabras**

- Tumbados, boca arriba, tratar de apoyar todo el cuerpo en el suelo. Las personas especialmente tensas solamente lograr apoyar la parte posterior de la cabeza, la punta de los omóplatos y las nalgas. Por si fuera poco, lo habitual en ellas es mantener la mandíbula tensa.

- Ser incapaces de permanecer sentados durante largo tiempo apoyando toda la espalda en un sofá. En muchas personas existe una tendencia de estar siempre con el cuerpo hacia delante, como queriendo estar preparados para levantarse.
- No ser capaces de espirar con fuerza y durante al menos tres segundos.
- Sentarse permaneciendo con los brazos cruzados.
- Mover el cuello para liberar la nuca, las cervicales, de su agarrotamiento. Eso no indica una mala postura como nos han querido afirmar, sino solamente una tensión continuada por motivos de trabajo.
- Mover insistentemente las piernas cuando se está sentado. Las tensiones internas son intensas y tratan de liberarse de esta manera, sin conseguirlo.
- Mantener la mandíbula fuertemente apretada, incluso cuando se está viendo un espectáculo.
- Afán desmedido por la limpieza, corporal y hogareña.

**Señales que nuestro cuerpo está enfermo, aún cuando no lo percibamos con claridad ni lo demuestren los chequeos médicos.**

## Señales psíquicas:

- Gran inquietud, miedo a la muerte. El temor, más que cualquier enfermedad, es lo que llega a producir malestar a la persona.
- Fallos en la memoria.
- Miedo a la gente simultáneamente con vértigos.
- Niños muy ordenados y meticulosos, maniáticos del orden.
- Angustia nocturna, con intensas fases depresivas.
- Niños vergonzosos, tímidos, que se aterrorizan con los extraños.
- Comportamiento infantil en la vejez.
- Personas tristes que suelen manifestar gran interés por los problemas ajenos.
- Intolerantes con los que cuando tienen problemas se muestran groseros por su desesperación.
- La música le hace llorar.
- No tolera que le contradigan.
- Persona que rumia sus penas.
- Celoso, desconfiado y muy locuaz.
- Sueños con muertos y entierros.
- Con malhumor desde que se levantan y falta de confianza en sí mismos.
- Prefieren la soledad para pensar en sus males.
- Se decepcionan con facilidad en los asuntos sentimentales.
- Impaciente, colérico y dedicado plenamente a sus negocios. Busca el enfrentamiento.
- Mal humor por las mañanas al levantarse y sueño después de las comidas.

- Tiene miedo a las tormentas.

## Señales físicas:

1. Piel que no suda.
2. Sed de agua fría.
3. Edemas en los párpados.
4. Aspecto de viejo.
5. Pálidos, delgados y frioleros.
6. Personas musculosas irascibles que toleran mal el calor.
7. Necesidad de abanicarse.
8. Dolor en el cuero cabelludo.
9. Intolerancia a la fruta.
10. Ausencia de orgasmos, aunque existe deseo sexual.
11. Nariz que se obstruye en cuanto sale al aire libre.
12. Empeora hacia las 11 de la mañana.
13. Mucha saliva.
14. Empeora cuando está en pie o sentado.
15. Moratones al menor roce.
16. Tiene un pie más caliente que el otro.
17. Sudores nocturnos con abundancia de saliva.
18. Delgado, especialmente en el cuello y parte superior del cuerpo.
19. Verrugas en la palma de la mano.
20. Estornudos al levantarse.

## Señales sensitivas:

1. Empeora con el tiempo frío y a medianoche.

2. Parece que llevan una cuerda al cuello pues se lo tocan con frecuencia.
3. Necesitan dormir con una almohada muy baja.
4. Aversión por la carne, pero deseos de tomar dulces y helados.
5. Somnolencia por el día e insomnio por la noche.
6. Suspiros frecuentes.
7. Mejora cuando se distrae.
8. Le pone enfermo que le consuelen.
9. Repugnancia por el agua.
10. Intolerancia a la ropa ajustada.
11. Deseo de alcohol, pero repugnancia por el pan y las bebidas calientes.
12. Deseo de azúcar y dulces.
13. Empeoran con el sudor.
14. Empeoran a la orilla del mar y a las 10 de la mañana.
15. Tiene necesidad de alimentos salados.
16. Empeora con los estimulantes y con el esfuerzo intelectual.
17. Deseos de alimentos muy condimentados y algo amargos.
18. Empeora acostándose del lado izquierdo.
19. Tiene las manos ardientes.

Si usted nota algunos de estos síntomas, por extraños que le parezcan, es seguro que padece alguna enfermedad, siendo la probabilidad mayor en cuanto se identifique con varios de ellos. El problema es que la mayoría de los síntomas aquí descritos no suelen ser valorados por los médicos habituales, aunque sí son importantes para los homeópatas y naturópatas.

De cualquier modo, usted debería hacerse un chequeo médico cuanto antes si al menos reconoce que se dan diez de estos síntomas.

Por supuesto, le serán de gran ayuda para reconocer las posibles anomalías en la salud de sus compañeros y familiares, aprendiendo así a saber que detrás de muchos comportamientos insoportables o extraños solamente se esconden enfermedades latentes en espera de ser diagnosticadas.

## Trastornos difusos que en realidad son solamente contracturas musculares

Con frecuencia tenemos a nuestro alrededor personas que se quejan de padecimientos diversos y que han recorrido multitud de consultas médicas en busca de una solución a un problema poco definido. Los médicos terminan explicando que se deben a problemas emocionales, "a nervios", y solamente aciertan a recomendar la visita a un psiquiatra y tomar algún ansiolítico que calme su desazón.

Estas personas, sin embargo, arrastran su patología año tras año, culpando en ocasiones a su trabajo, su familia o incluso a la contaminación o los alimentos adulterados. Su falta de equilibrio les lleva a no rendir adecuadamente en su trabajo, a consumir drogas y con frecuencia a divorciarse, en un intento de buscar en algo, o alguien, una paz que depende solamente de ellos.

## Caso uno:

Persona adulta que habla mucho y deprisa, pero con voz baja, pasando de un tema a otro sin pausa. No le gusta su trabajo, acude a un psicólogo a quien considera poco menos que un dios, y nota que su matrimonio está a punto de irse a pique. Físicamente le dan calambres en las pantorrillas y se encuentra especialmente a gusto en la cama.

La solución es tan sencilla que parece mentira que nadie se la haya explicado antes: solamente necesita estirar fuertemente los músculos gemelos de las pantorrillas y los dedos de los pies. Sus continuas y en ocasiones contracturas musculares la habían provocado miedo a que se repitieran y mantenía a todo su organismo en estado de alerta para evitarlas. Así iba por la vida en perpetua contracción, sin relajarse y llevando una ansiedad consigo a causa del miedo a que se repitiera el dolor.

## Caso dos:

Persona mayor que suele padecer frecuentemente lumbalgias. Tiene la espalda pequeña y suele emplear chaquetas con hombreras para disimularlo. Tampoco se baña delante de las personas por el mismo motivo. Sus manos son presas de hormigueos frecuentes y por eso las mueve frecuentemente, lo que le produce nuevas desazones para evitar que la gente se dé cuenta de ello.

La solución viene de relajar la nuca y poner a sus hombros en movimiento. Curiosamente, cuando las personas tratan de relajar las cervicales suelen concentrarse exclusivamente en su cuello, cuando en realidad les vendría mejor rotar los hombros. También es importante que estiren los pectorales atrás para eliminar contracturas allí.

# TIPOLOGÍAS

Estas clasificaciones responden a criterios distintos y fueron establecidas para englobar a las personas según su aspecto físico general, el cual va unido casi sin remisión a unas serie de trastornos en la salud. No es que la regla sea totalmente segura, pero las estadísticas demuestran que quienes tienen una tipología determinada son propensos a padecer un tipo de enfermedad específico, aún cuando todavía no se haya declarado de manera definida.

Esta clasificación nos resultará, pues, sumamente útil para averiguar, simplemente mirando el aspecto físico de una persona, cuáles son las enfermedades a las que está predispuesto por naturaleza. La unión de su aspecto externo y su predisposición genética nos llevará pronto a una valoración de sus virtudes y defectos, en cuanto al carácter se refiere.

**Tipología uno:**

- Chicas jóvenes o mujeres rubias de ojos azules.
- Carácter sensible y dulce.
- Padecen trastornos circulatorios venosos, celulitis, sabañones.
- Vías respiratorias frecuentemente irritadas con mocos amarillentos.

**Tipología dos:**

- Mujeres morenas, de piel mate con círculos oscuros alrededor de los ojos negros.
- Manchas en la cara.
- Labio inferior más grueso que el superior.
- Frecuentemente tristes y abatidas.
- Problemas hepáticos y circulatorios, con varices.
- Vientre frecuentemente caído.

**Tipología tres:**

- Personas delgadas en la parte superior.
- Adelgazan aún comiendo mucho.
- Tienen la piel grasa, con brillo y una fisura en el labio inferior.
- Lloran con facilidad, de temperamento triste y piensan en sus problemas continuamente.
- Suelen estar desnutridos.
- Tienen problemas frecuentes de piel y mucosas, así como metabólicos.

**Tipología cuatro:**

- Personas voluminosas, con labios muy rojos.
- Suelen estar siempre contentos, con risa fácil.
- Padecen alteraciones de piel y mucosas periódicamente.
- Problemas arteriales y venosos.

**Tipología cinco:**

- Tienen grandes relieves óseos en la frente.
- Uñas con manchas blancas.
- Sudan con facilidad y los pies le huelen muy mal.
- Están frecuentemente agitados y se manifiestan tímidos.
- Padecen desmineralización y son propensos a supuraciones crónicas.

# *CAPÍTULO TRES*

## El aspecto

## CONSTITUCIONES

Esta clasificación se estableció hace ya más de un siglo para determinar la predisposición a padecer ciertas enfermedades según el aspecto físico. Se diferencia de la anterior en cuanto a que se puede evitar con relativa facilidad esta predisposición mórbida si se ponen los remedios adecuados.

Al igual que la clasificación anterior, nos permitirá saber una gran cantidad de peculiaridades de las personas, simplemente con un vistazo a sus características físicas. No es una regla totalmente inmutable, pero nos proporciona, una vez más, datos rápidos sobre las personas con las cuales tratamos, especialmente imprescindibles cuando tenemos que tomar una decisión rápida con una persona a la que acabamos de conocer.

**Constitución una:**

*Aspecto físico:*

- De talla y peso medio, con el conjunto corporal equilibrado y proporcionado. Cara rectangular y con ojos, nariz y boca situados en perfecta simetría.

- Dientes en perfecta posición.
- Detalle: no puede plegar el antebrazo totalmente hacia el brazo por carecer de elasticidad.

*Tendencias:*

- Se siente mejor en invierno que en verano.
- Sus enfermedades son agudas y muy intensas.
- Tiene frecuentes congestiones y espasmos.

*Carácter:*
- Optimista.
- Gran confianza en sí mismo.
- Irritable y colérico, pero le duran pocos estos arrebatos.

**Constitución dos:**

*Aspecto físico:*

- Estatura inferior a la media.
- Peso aumentado.
- Manos cortas, casi cuadradas.
- Cara cuadrada y especialmente corta en la parte de la barbilla.
- Dientes con caries frecuentes, aunque bien posicionados.

*Tendencias:*

- Sus enfermedades se desarrollan lentamente hasta convertirse en crónicas.
- Suele tener obesidad y por tanto diabetes, gota y cálculos biliares.
- Padecen en la edad adulta hipertensión, exceso de colesterol y artrosis.
- A cualquier edad tienen verrugas y eczemas.
- Son frioleros y sus enfermedades empeoran con la humedad.

*Carácter:*

- Suelen ser de reacciones lentas, en ocasiones exasperantes para los demás.
- Aunque pasivos, son ordenados y tenaces.
- Aplicados y metódicos, desempeñan poco a poco con efectividad su trabajo.
- Pueden ser tremendamente tercos.
- Si el trabajo que realizan no les agrada se vuelven perezosos.

**Constitución tres:**

*Aspecto físico:*

- Son altos y de buen desarrollo muscular.
- Adelgazan con facilidad.
- Su cara es triangular, con la frente alta.

- Manos largas.
- Dientes bien formados individualmente, pero imperfectos en su conjunto.

*Tendencias:*

- En general, son más débiles de lo que aparentan.
- Sus enfermedades son intensas pero de corta duración.
- De jóvenes padecen acné.
- Son frioleros y necesitan aire fresco.

*Carácter:*

- Se entusiasman con las novedades.
- Son hipersensibles al trato y a las adversidades.
- Se agotan fácilmente, incluso intelectualmente.
- Pueden ser desordenados e impacientes.

## PECULIARIDADES

Son esos detalles que nos hacen diferentes, aquello que se denomina como nuestra personalidad. Pueden ser características positivas, carismáticas, pero con frecuencia también son perjudiciales para nuestra vida en sociedad.

Estos rasgos diferenciales pueden estar presentes en cualquier persona, independientemente de su edad o sexo, pero nos indican un carácter específico o al menos ciertas características de su carácter que deberíamos conocer. Son especialmente importantes para saber con quién vamos a compartir el resto de nuestra vida, en el caso de una boda, con quién vamos a formar una sociedad o grupo, o quién es el realidad esa compañera de trabajo recién llegada.

Observen la extraña relación entre ciertas costumbres y manías, así como en sus peculiaridades de salud.

**Tipo uno:**

*Peculiaridades:*

- Se pone mucha ropa para abrigarse, incluso varias prendas interiores.
- Pasa frío incluso en verano.
- Suda al menor esfuerzo.
- Tiene acné y granos con la menstruación.

*Su carácter:*

- Depresiones frecuentes.
- Tiene miedo al futuro.
- No cree en la solución de sus problemas.
- Se siente bien físicamente y así lo manifiesta.

*No soporta:*

- Las prendas de lana.
- Pasar hambre.
- El invierno.

*

*Le gusta:*

- Los cambios.
- Comer.
- Estar acostado con los brazos abiertos.

**Tipo dos:**

*Peculiaridades:*

- Muy temeroso en los acontecimientos imprevistos.
- Le duele todo el cuerpo, pero alternando en las zonas.
- No soporta las habitaciones cerradas.
- Le gusta la leche fría.
- Necesita cambios periódicos.
- Le gusta viajar.
- Muy sensibles y emotivos con la música.

*Su carácter:*

- Irritables con facilidad.
- Con ataques de cólera frecuentes que le agotan pronto.
- Descontentos de todo, aunque siempre encuentran un culpable.
- Hastiados de la vida.

*No soporta:*

- El ejercicio intenso.
- Estar en pie.
- Los cambios bruscos de clima.
- La carne en general.
- El aire viciado.

*Le gusta:*

- Descansar.
- Estar al aire libre.
- Los cambios frecuentes en su vida.
- Sentirse libres.

**Tipo tres:**

*Peculiaridades:*

- Siempre tienen las piernas inquietas.
- Duermen en posición genupectoral.
- Consideran que el tiempo pasa muy lentamente.
- Tienen las plantas y los talones del pie hipersensibles.
- Las manos y pies están siempre calientes.

*Su carácter:*

- Malhumorados por el día y optimistas de noche.
- Agitados y con prisa para hacer los trabajos.
- Se precipitan en sus decisiones.
- Mala memoria.

*No soporta:*

- El frío.
- Pensar en sus problemas.

*Le gusta:*

- Dormir acostados sobre el vientre.
- Vivir a orillas del mar.
- El atardecer.
- Moverse.
- La sal.

**Tipo cuatro:**

*Peculiaridades:*

- Aspecto envejecido.
- Aspecto de persona débil.
- Le sienta mal la noche y vivir cerca del mar.
- Tiene miedo a contagiarse y por eso se lava las manos con frecuencia.
- Tiene dolores en los huesos largos.

*Su carácter:*

- Pasa rápidamente de la risa al llanto.
- Teme no curarse de nada y volverse loco algún día.

*No soporta:*

- La noche.

*Le gusta:*

- La montaña.
- El alcohol.

# *CAPÍTULO CUATRO*

## El prójimo indeseable

### CÓMO LOCALIZAR A UN ESTAFADOR
(También, al mafioso, asesino en serie, delincuente organizado o terrorista)

*"¡Quién lo iba a decir! Parecían unas personas totalmente normales y nunca dieron problemas a los vecinos".*

Esta es una frase habitual cuando la policía descubre y detiene a un pequeño grupo de terroristas o banda organizada que, aparentemente, se dedicaban a labores nada destructivas. Habitualmente suelen ser una pareja, hombre y mujer, aunque también es frecuente que se trate de personas integradas en la sociedad hace muchos años, con trabajo estable y negocios abiertos al público, cuyo comportamiento nada hace presagiar que se trate de terroristas o delincuentes internacionales.

Pero aunque en apariencia estas personas atan todos los cabos, en cuanto a su verdadera identidad se refiere, siempre hay algo en sus vidas y comportamientos que les puede delatar, incluso a los ojos de una persona no relacionada con los servicios de investigación. La historia nos ha demostrado, una y otra vez, que hasta el más sagaz espía, el más cruel asesino en serie, y por supuesto cualquier terrorista, suelen dejar pistas aparentemente fugaces sobre su verdadera identidad y trabajo.

## El arte de ser invisible

No se crean que estoy hablando ahora sobre un invento que nos permite desaparecer físicamente a los ojos de los demás, tal y como H. G. Wells lo describía en su novela "El hombre invisible", sino de algo mucho más sencillo. Se trata de hacer desaparecer u ocultar aquella faceta de nuestro comportamiento que no interesa que los demás vean. En este sentido podríamos incluir al marido o la esposa adúltera, al empleado que no acude al trabajo con regularidad, al cajero o contable sumamente hábil para quedarse con el dinero que no es suyo, o también al detective privado que está tratando de lograr una información vital para su cliente. Sin embargo, la finalidad de este capítulo es mucho más seria: se trata de descubrir cómo logran pasar desapercibidos los terroristas, los espías o las mafias organizadas.

## Hacerse invisible cuando se mueven

Un método sencillo de invisibilidad consiste en prevenir que los rayos del sol se reflejen en el sujeto. La oscuridad total, iluminación alterada o reducida, y los colores o formas que se confundan con el fondo, son ejemplos de la invisibilidad. Como un cristal que nada refleja y, aun así, se encuentra allí, el sujeto no es percibido porque no envía pistas luminosas distinguibles.

Un segundo método para crear el efecto de invisibilidad consiste en anular la capacidad de visión del policía o transeúnte mediante la inclusión de bombas de humo, gases, pulverizadores de polvos irritantes para los ojos, nubes cegadoras de cenizas, o bengalas de luz intensa.

Un tercer principio, el más empleado y al que podemos denominar como "las diferentes formas de andar sin ser visto", consiste en poder caminar delante incluso de un policía sin que su presencia le proporcione ningún estímulo visual que le pueda alertar. En esta aplicación, la imagen del terrorista entra en el campo de visión de su "enemigo", pero de tal forma que no le pone en alerta, incluso aunque esté totalmente expuesto a él. En resumen, se adopta la forma de algo o alguien que no sea de interés para el enemigo, como puede ser un anciano, o un lector de periódicos.

La vida cotidiana está llena de pequeñas personas grises que entran o salen de nuestras vidas, dejando pocos rastros en nuestra consciencia. Cuanto mayor sea la ciudad en que vivimos, o más sean las regiones por las que viajemos, más de estas cosas insignificantes encontraremos. Aunque cada ser viviente de nuestra tierra tiene su propia y única historia, con sentimientos personales, miedos, sueños y esperanzas, simplemente por pura rutina o sobrecarga de estímulos, es muy fácil pasar por alto todas las fascinantes facetas que hasta el más vulgar de los individuos posee.

En nuestra moderna sociedad urbana o internacional, nos ponemos en contacto con tantas personas que el conocimiento intelectual de cada una es abrumador y hasta imposible. Como medio para contrarrestar este bombardeo de información y poder interpretar, clasificar y juzgar, nuestras mentes deberían de sintonizar todo lo que no sea crucial para la supervivencia cotidiana. Actuaremos con una especie de bloqueo automático hasta que algo merezca la pena ser retenido.

Para las personas que estudian la vida de los delincuentes es muy importante que esta habitual abundancia de estímulos no se convierta en aburrimiento, sino en sobreestimulación. Cuando todo lo que vemos se repite una y otra vez, mostrándonos cosas normales, es importante saber diferenciar aquellos detalles que se dan y que pueden ser la clave para identificar a quien nos interesa.

Por ejemplo, una pintura magistral al óleo puede fácilmente desaparecer a la vista cuando está situada en una pared entre otras obras maestras, en una galería de arte. Aunque la obra del pintor en si no es menos importante que las otras, se desvanece de la vista cuando forma parte de una colección sumamente interesante y abundante. Esa misma obra, puesta en un lugar más solitario, parecería tener una calidad muy superior.

Por este motivo, cuando una persona quiere pasar desapercibida encontrará el modo de integrarse entre la vulgaridad del ambiente y, al contrario, cuando quiera desviar la atención sobre su verdadera identidad intentará destacar en una faceta que no tenga nada que ver con su auténtico trabajo delictivo.

## Ejemplos sencillos para desviar la atención hacia uno mismo:

Efectuar un pequeño ruido en un ambiente totalmente silencioso.
Moverse cuando una multitud está quieta.
Utilizar colores llamativos.
Provocar la risa de una mujer en un ambiente de varones.

Cualquiera de estas pequeñas señales, que en otro lugar pasarían desapercibidas, conseguirían atraer la atención de los demás hacia uno de los delincuentes, dejando el campo libre a los demás.

Desde esta perspectiva, es fácil ver como la mayoría de las personas que tienen contacto con nosotros en nuestra vida diaria, podrían desaparecer confundiéndose con el fondo, mientras buscamos las cosas que creemos más importantes. Con nuestros ojos fijos en el cielo y el pensamiento en cualquier lugar, es fácil que cualquier persona lista sea capaz de desaparecer ante nuestra visión.

## Identidades ficticias más habituales

Esta habilidad para encontrar todo aquello que nos pueda interesar se puede practicar fácilmente, como por ejemplo, tratar de localizar a un amigo entre una multitud, lo que conseguiremos si sabemos su manera de vestir en ese momento, pero que será mucho más difícil si ha escogido una vestimenta poco habitual.

Cuando es necesario infiltrarse en una ciudad pequeña, barrio o comunidad, el delincuente suele usar habitualmente esa técnica de mezclarse con los vecinos que le rodean simulando ser uno más de ellos, tratando de evitar que sospechen que en realidad es el enemigo.

A lo largo de la historia, sin embargo, las identidades encubridoras que han empleado siempre los terroristas y delincuentes han sido siempre las mismas, aunque con las diferencias obvias que el tiempo y el lugar les proporcionaron.

Estas siete identidades son:

Comerciante, ya sea viajante o con comercio fijo.
Hombre de letras, maestro o escritor.
Sacerdote involucrado en la justicia social.
Persona del espectáculo, preferentemente actores.
Trabajadores manuales con pocos recursos económicos aparentes.
Militar o policía infiltrado.
Funcionario estatal, preferentemente cartero.

Las siete identidades mencionadas han sido perfectas para ocultarse de la policía y se han mantenido como idóneas a través de los siglos. Hay profesiones, como la de los sacerdotes y la policía, con las cuales podían recorrer sin problemas la nación sin levantar sospechas, incluso aunque fueran populares en su trabajo.

Para la práctica de la ocultación, sin embargo, estas personas tienen que procurar que estas personificaciones sean congruentes con la sociedad en la cual se mueven. Obviamente, ir por la calle ahora con una túnica o una cesta de mimbre sobre la cabeza, atraerá mucho más la atención que ir con unos pantalones vaqueros, por eso el requisito previo que emplean es averiguar las costumbres sociales del grupo en el cual van a integrarse.

Esto es lo que podíamos denominar como el disfraz. Se trataría de crear una nueva identidad mediante el vestuario que le proporcione una apariencia adecuada y hasta un comportamiento, de forma que cuando caminen por las calles desaparezcan de la vista, mezclándose con las demás personas. Mediante estos "disfraces", el delincuente puede hacerse invisible ocultando aquellas pistas que pudieran provocar su presencia.

El llamado Arte de la Personificación, es la forma de asumir otra personalidad o identidad, de tal manera que se puede actuar a plena vista incluso con la colaboración del "enemigo". Mediante la personificación, el delincuente puede reemplazar aquellas pistas psicológicas que pondrían en guardia al enemigo, y hacerle creer que ha desaparecido del lugar.

Una versión más sofisticada y detallada sobre este método milenario de las identidades falsas, incluiría los siguientes caracteres, basándose de nuevo en antecedentes históricos.

## Escolástica:

Esta categoría incluye a estudiantes, profesores, investigadores, especialistas técnicos, artistas y, en algunos casos, tipos radicales o activistas. Se requiere una profunda investigación para cualquiera que intente personificar un carácter de esta categoría, pero suele ser bastante sólida para pasar desapercibido, he incluso con el tiempo puede gozar de gran aprecio incluso por parte de sus víctimas potenciales.

Todas las personas de esta categoría suelen tener algún campus, escuela o especialidad, con la cual estén muy familiarizados. Cuanto más familiar para ellos sea la institución, más fácil les será encontrar personas que les hayan conocido anteriormente y este detalle, bien empleado, incluso lo suelen utilizar en su favor.

## Negociante:

Esta es una categoría muy amplia que incluye a vendedores, poseedores de pequeñas tiendas o comercios, secretarias, contables o consejeros. En lo referente al disfraz, el factor básico que emplean para pasar desapercibidos es el atuendo tradicional en ese ambiente y siempre teniendo en cuenta el mundo, amplio o reducido, en el cual se van a mover. Las habilidades y actitudes básicas de los negocios son fáciles de aprender para ellos, independientemente del éxito del negocio mismo, el cual puede ser un total fracaso económico, denominándose entonces como "tapadera". La ventaja de poseer un negocio es que les permite entrevistarse sin problemas con sus compinches puesto que, aparentemente, son clientes.

### *Viajantes o agentes comerciales:*

Los empleos de oficinista, contable o agente de ventas, suelen estar a menudo disponibles a través de los anuncios por palabras de los periódicos o en las agencias de trabajo. Las tarjetas de negocios de aspecto convincente y los papeles con los caracteres apropiados, pueden imprimirse por poco precio y reproducirse en la medida en que se necesitan. Por eso, nunca se deje impresionar ni convencer por una simple tarjeta de visita, aunque diga que el poseedor es vicepresidente de una compañía conocida. No caiga en el error de llamar al teléfono que le indica en esa tarjeta, puesto que con toda probabilidad quien esté al otro lado de la línea telefónica sea otro delincuente.
No obstante, es fácil comprobar que mostrar una tarjeta de director de una compañía, real o ficticia, suele abrir el camino fácilmente en los crédulos y permitirle al malvado tener un acceso rápido a fuentes de información esenciales.

### *Campesino:*

¿Quién es capaz de recelar de un hombre de campo, con su gorra y modales burdos?. En esta categoría deberíamos incluir a personas como los granjeros, trabajadores temporeros y cualquier otra personalidad que consideremos asociado con los campesinos. De una persona tan aparentemente sencilla no hay quien recele, especialmente en la gran ciudad, y es frecuente quien, en un alarde de ingenuidad, les dejan solos en el despacho del director durante unos minutos. Curiosamente, esa misma personalidad provocaría un gran recelo en un ambiente rural, lo mismo que los señoritos de ciudad bien trajeados no son bien aceptados en los pueblos pequeños.

Pero un granjero o un trabajador auténtico no solamente es una persona que habla sin cuidar su léxico y que emplea modales sencillos para estar en sociedad, también es una persona muy culta en su profesión y suele dominar perfectamente todo cuanto realiza. Los granjeros y los trabajadores de granjas pueden hablar de cosechas sin problemas, lo mismo que quienes poseen ganado. Suelen estar familiarizados con los vehículos de labranza más modernos y su coche habitual no es precisamente un deportivo.

Por eso, cuando usted se encuentre con una de estas personas infiltradas y para evitar caer en su trampa mortal, debe hacerles preguntas sobre su tipo de trabajo. Cualquier titubeo será sumamente significativo y le pondrá a usted en guardia hasta saber sus verdaderas intenciones.

### Religioso:

Hoy en día, cualquier cura de parroquia está inmerso en la protección de los desvalidos, tanto como en la propagación de su religión. Por supuesto, también lo están los obispos y hasta el Papa, pero no de una manera tan directa. Los representantes religiosos, lo mismo que los asistentes sociales, son considerados por las gentes sencillas con un respeto especial, o al menos con tolerancia, y a ellos acuden los pobres, los desvalidos y, en ocasiones, los oportunistas, estafadores y delincuentes.

Obviamente, el terrorista que desea hacerse pasar por una figura religiosa debe tener un profundo conocimiento de la religión que profesa o al menos estar familiarizado básicamente con ella. El problema es que este disfraz es bastante menos fácil de llevar que otros, puesto que requiere no caer en errores demasiado evidentes. Un cura que beba alcohol, que maldiga o que no guste de besar los símbolos religiosos con frecuencia, genera desconfianza y eso será fatal para sus planes. Por ejemplo, sabemos que los evangelistas cristianos no beben cerveza, pero puede ser habitual en los sacerdotes católicos. Un rabino judío podría sentarse a tomar una taza de café, pero esto es algo inaceptable para un misionero. Por supuesto, si vemos comer carne de cerdo a un mahometano o beber alcohol a un budista, es que estamos ante un delincuente estúpido.

### Figuras públicas:

En este grupo de caracteres incluimos a los entrenadores, actores, músicos, figuras del deporte, políticos, periodistas, modelos o cualquiera con una vida interesante que contar o vivir. El factor unificador de esta calificación es un aura de notoriedad y esplendor. Es una interesante paradoja advertir que estar en el centro de la atención a veces puede ser una de las formas mas efectivas de ocultar a otros nuestro auténtico propósito o intención.

Todas las personas de esta categoría tendrían una particular pretensión de fama, en torno a la cual giraría su personalidad. Algunas consideraciones para la personificación serían que una figura del deporte debe tener un físico apropiado, un modelo o actor debe tener un portafolios con fotografías, un músico debe ser capaz de interpretar, una figura política debe tener un partido y un grupo de electores a quienes representar, y un escritor debe tener una materia en la que sea una autoridad. En resumen, al adquirir una personalidad concreta tendrán que dominar perfectamente el campo en el que se van a mover y en eso no es nada fácil. Obviamente, todo depende del alcance de la estafa a realizar, puesto que cuanta mayor es la categoría del disfraz elegido, mayor será el beneficio que saquen con la estafa.

### Obreros:

En esta clasificación podemos incluir a obreros de la construcción, pintores, jardineros, camioneros y fontaneros, o cualquier otra ocupación en que se proporcione un servicio mediante habilidades físicas. Suelen tener acceso a cualquier lugar y domicilio, incluso contratados por el mismo dueño, por lo que es un disfraz ampliamente utilizado por los delincuentes. En lo referente al vestuario, el disfraz, estos falsos trabajadores son identificados simplemente por el estilo de su ropa de labor o el equipo utilizado, algunos de los cuales llevan hasta las siglas de empresas estatales. La ropa blanca manchada de pintura, un cinturón de herramientas de carpintero, los brazos tostados por el sol, algún roto en el pantalón o restos de grasa bajo sus uñas, son símbolos que suelen llevar los auténticos trabajadores. Si su aspecto carece de estas señales habituales es el momento de desconfiar y ponerse en guardia. No se olvide de buscar en la guía telefónica el teléfono de la empresa para la cual dicen trabajar y realizar una discreta llamada para comprobar la veracidad de su identidad. Ya sabe: lo de menos es la tarjeta que le muestren.

### Uniformados:

Este grupo abunda más de lo que creemos y en ellos tenemos que incluir a los técnicos en reparación de averías, empleados para la lectura de contadores, guardias de seguridad, conserjes, enfermeras, policías y hasta militares. Otros tipos uniformados menos habituales incluirían a los que se ponen ropa de payaso o de Santa Claus en los grandes almacenes. El factor unificador de esta categoría es un tipo de uniforme que produzca en los transeúntes una sensación de que es lógico que esté allí y vestido así. Por eso ningún delincuente se pondría un traje de coronel del ejército para acudir a una discoteca, ni veríamos a una enfermera sin mascarilla dentro de un quirófano.
Muchos delincuentes buscan a sus víctimas sujetando una puerta giratoria o regulando una zona de aparcamiento, e incluso los hay que se llevan algunas cartas para simular que son carteros y que requieren que les

abran la puerta. Una persona con gorra diciendo que trae un telegrama urgente es alguien a quien pocas personas se atreverían a negar la entrada, lo mismo que cuando alguien nos avisa que vienen a revisar los contadores de la luz. Estos delincuentes suelen conocer hasta el modo y la entonación al hablar de los verdaderos profesionales y es difícil darse cuenta que estamos ante un posible delincuente.

## Cómo se ocultan los delincuentes profesionales

El delincuente moderno no está limitado solamente por estos siete grupos. Si es necesario empleará cualquier personalidad que haga posible el propósito que tiene planeado y para ello suele adaptarse a cada lugar y situación requerida. En general, los disfraces (nos referimos a la ropa común) se usan para facilitar la adaptación al lugar y así pasar desapercibidos o, también, para que gracias a ellos consigan tener un control directo sobre la acción que van a ejecutar. Cuando quieren observar a su presunta víctima, persona o local comercial, pueden elegir un lugar situado en un edificio en construcción mientras se comen un bocadillo de tortilla, vistiendo un jersey de colores brillantes y hasta es posible que lleven un casco en la cabeza. Como ya sabemos, es un disfraz fácilmente de encontrar y ponerse. En este caso, ni siquiera necesitarán saber cómo se comporta un auténtico obrero de la construcción. Sin embargo, para entrar en esa misma obra necesitarán realizar una investigación previa, tanto en cuanto a horarios como en los movimientos internos, para poder dar la impresión de ser uno de los trabajadores en plantilla. El mero hecho de llevar un uniforme no le hará pasar desapercibidos.

## *Buscando una apariencia adecuada*

Para las tareas de personificación, intentarán escoger una identidad a la que puedan adaptarse con facilidad. Las personificaciones prolongadas suponen el riesgo de que se descubra el disfraz, al ser demasiado profundo el cambio requerido.

Para una persona joven será muy difícil hacerse pasar por un consejero comercial o un personaje religioso de alta categoría, mientras que una persona de edad avanzada no podrá simular ser un estudiante universitario. Las alteraciones naturales de la apariencia son lo mejor para las personificaciones. El corte de pelo y el color de este pueden cambiarse fácilmente. El peso puede aumentarse o disminuirse de forma sensible en poco más de un mes. El pelo de la barba puede dejarse o rasurarse totalmente y cualquier reajuste en la forma de andar o comportarse es susceptible de modificarse con facilidad. El propósito de una personificación es convencernos de que son "normales".

## *Conocimiento*

Todos los tipos de carácter asumidos tendrán algo específico que correspondan de forma natural con el estafador. Al asumir algunas identidades se les hace necesario estar dotados de cualidades o técnicas físicas concretas. Otra personalidad requerirá experiencia intelectual o un respaldo de conocimientos técnicos. Sin embargo, hacerse pasar por un embajador o Delegado de gobierno, por ejemplo, requerirá más estudio que la personificación de un vendedor de helados.

## Lenguaje

El estafador o espía muy entrenado y experimentado usará las menos palabras posibles, comprendiendo que cuanto más se aventure en una conversación, mayor será la posibilidad de que el interlocutor detecte una equivocación en los detalles. Dar respuestas y hacer comentarios a las cuestiones propuestas, solo las harán cuando el silencio pueda dar lugar a comentarios y haya peligro de que sean descubiertos.
Debido al lenguaje y complejidades del idioma, las identidades extranjeras son difíciles de asumir. Sin embargo, con un suficiente estudio de un lenguaje y un uso mínimo de la conversación en el área de infiltración, un espía puede ocuparse satisfactoriamente de la actividad requerida en el extranjero, aunque la información que pudiera reunir bajo tales circunstancias seria limitada

## Psicología

Al emplear una identidad falsa, sea a base de disfraz, trabajo o personificación, el factor psicológico más importante que les define es mantener la mente alerta pero con un aspecto exterior de calma. No suelen excederse en la representación del papel en un intento de convencer a la persona interesada, salvo que pretendan dar un timo, puesto que en estos casos la habilidad con el lenguaje es primordial. Nadie engaña diciendo hola y adiós.

Si se trata de un estafador tenga en cuenta que antes habrá sabido tanto sobre su vida como usted mismo y tampoco tendrá reparos en parecer humanitario, tímido o incluso estúpido a sus ojos si con ello observa que le está engañando. Un ladrón y con mucho más motivo una ladrona, no dudará en emplear el lloro, la debilidad o incluso un súbito desmayo, para despistarte y lograr robarte rápidamente. El objetivo marcado es robar, no quedar bien.

**He aquí algunos ejercicios que puede realizar para descubrir a un hipotético terrorista o delincuente:**

**EJERCICIO UNO:**

Cuando estés en un restaurante, aeropuerto o cualquier zona pública, mira rápidamente por encima de la multitud en una actitud mental alerta. Pasa tus ojos sobre ellos en un examen superficial manteniendo una actitud mental de curiosidad. Solamente deseas ver algo destacable, sin precisar el qué. Posteriormente, pide a un amigo que se camufle entre la multitud y trata de localizarle. Primero que se mueva y luego que trate de esconderse de ti.

Al mismo tiempo, trata de observar cualquier persona que llame tu atención, bien sea por su comportamiento o por lo reiterado de su presencia. Ellos serian los supuestos enemigos. A continuación, trata de llegar hasta tu amigo sin cruzarte con tus enemigos, y una vez juntos, deberéis huir sin cruzaros con nadie peligroso.

De nuevo, vuelve atrás y reexamina la multitud. Esta vez, observa con detenimiento y busca la persona que menos llama la atención. Puede haberte pasado por alto precisamente  la más importante y verte sorprendido por su presencia inoportuna. ¿Qué fue lo que esa persona hizo que pudiera moverse ante tus ojos sin ser notada?.

Recopila tus datos y repite este ejercicio una y otra vez en lugares diferentes.

## EJERCICIO DOS:

Cuando te encuentres formando parte de una audiencia, sea una clase en la escuela, una iglesia o una reunión política, experimenta con la habilidad para atraer la atención de la gente hacia ti o pasar totalmente desapercibido.

Para mantener la atención, trabaja formando parte de los pensamientos de la persona que esté hablando y apóyale mentalmente en sus razonamientos, esto aumentará tu magnetismo personal. Ahora invierte el proceso, procura que no te influya lo que están hablando, por duro que sea, y trata de evadirte mentalmente del lugar, pero siempre dando la impresi6n de que estás totalmente concentrado en las palabras. No te olvides incluso de aplaudir, pero tu pensamiento y visión ya no están allí. Este ejercicio es extraordinario para cuando alguien intente engañarte o estafarte, puesto que conseguirás escucharle mientras tu mente está tratando de averiguar la verdad.

## NO TE CONVIERTAS EN UNA PRESUNTA VÍCTIMA PARA LOS AGRESORES Y DELINCUENTES

Hay quien piensa que cuando alguien ataca sexualmente a una mujer le "está dando lo que ella realmente quiere". Por eso, una gran cantidad de los ataques sexuales no son denunciados, ya que la mujer o bien se siente demasiado avergonzada, o cree que fue por su culpa. Estas situaciones frustran a las autoridades porque raras veces traen cargos criminales. Es importante, sin embargo, que las muje-res en busca de una seguridad contra las violaciones se den cuenta de que no todas las violaciones son cometidas por extraños al filo de la noche y que todas deben ser denunciadas.

**Reglas para la vida real**

**Regla uno:**
No te acostumbres a ceder ante un recién conocido. Sobre todo, no tengas miedo de decir "no".
**Regla dos:**
Antes de aceptar una cita con un desconocido ten claro cuál será tú límite. No dejes que tus emociones decidan en momentos de gran pasión.
**Regla tres:**

No hay tal cosa como "pelea sucia" al enfrentarse a un atacante o violador en potencia. Tendrás que emplear a fondo tu determinación y conocimiento para escapar. Si decides responder con la fuerza ante su fuerza, ten en cuenta que la mayoría de las veces te enfrentarás a hombres corpulentos, rivales temibles incluso para otro hombre. No te olvides coger cualquier objeto contundente que haya en los alrededores para golpear a tu agresor fuertemente donde más le duela, obviamente los ojos, la nariz y los genitales. No pienses ni por un momento que no oponiendo resistencia tu agresor no te hará daño y ni siquiera te violará. Si te muestras débil posiblemente te llegue incluso a matar para que no haya testigos, así que si no puedes huir piensa en atacarle con dureza.

**Despréndete de esa mentalidad de posible víctima**

Puedes lograr esto mediante una imagen personal positiva que puede obtenerse aprendiendo el arte de la perspectiva mental positiva. Un violador puede distinguir cuándo estás demasiado atrapada en las dudas sobre ti misma y se aprovechará de esta debilidad. Ten en cuenta que la mayoría de las violaciones no son efectuadas por personas mal encaradas o que ya tengan experiencia en estos delitos. En muchas ocasiones son personas conocidas que simplemente ven "una presa fácil", bien sea porque la encuentran deprimida por un antiguo problema amoroso, o porque su soledad les haga confiar en cualquiera que las de compañía. Ambas circunstancias se perciben, así que no muestres tan a las claras tus problemas internos.

**Cómo eligen los violadores a sus víctimas:**

Examínate a ti misma. ¿Perteneces al tipo de las que se lanzan a cualquier locura sin tomar las debidas precauciones?.
Muchas mujeres se preguntan por qué ellas, en concreto, son más propensas a los atracos. Si este es tu caso es necesario que revises la manera en que piensas y actúas en publico, lo que incluye el lenguaje corporal, al igual que la opinión de ti misma y tus hábitos emocionales. Algunos individuos peligrosos parecen "magnetizar" el elemento negativo de algunas mujeres y saben que serán su presa; después solamente necesitan encontrar el lugar y el momento idóneo para violarlas o atacarlas.

**Algunos detalles que envalentonan al agresor:**

*Debes evitar cualquiera de estas circunstancias*

1. Caminar pegada totalmente al muro de los edificios. Hazlo por el borde de la acera.
2. Mirar repetidamente hacia atrás, con señales de miedo. Elige los espejos de los escaparates para averiguar dónde está situado ya tu posible agresor.
3. Caminar con pasos cortos y tímidos. Deben ser normales, decididos y vivaces.
4. Mirar al suelo. La mirada siempre al frente, con orgullo y demostrando valentía.

5.  Cambiar el ritmo de tus pasos. Si has decidido ponerte a salvo mantén el ritmo y solamente acéleralo cuando sepas que no te ve.

**Cuando la confrontación es inevitable:**

1.  No hay una regla segura para tal situación, pero al menos, mírale con dureza a sus ojos.
2.  No pidas piedad, eso le dará nuevos alicientes.
3.  Déjale que se acerque a tu distancia de respuesta y elige sus ojos como blanco.
4.  Si todo sale mal, déjale que empiece y busca un momento y punto vulnerable para responder con más agresividad que la suya.
5.  Si vas a golpearle hazlo sin compasión. Las alimañas no merecen consideración alguna por parte de sus víctimas.
6.  Por último, si has conseguido hacerle daño no te pares a mirarle y echa a correr a un lugar seguro.
7.  Y si todo sale mal, procura guardar en tu memoria cualquier dato que te ayude en tu denuncia a la policía.

## EVITA SER ELEGIDO COMO VÍCTIMA DE UN ASALTO

Las víctimas de los asaltos y atracos pueden ser en parte responsables de su destino. Su lenguaje corporal puede que esté provocando ese ataque, incluso por personas que no sean delincuentes habituales. Según experiencias en Estados Unidos, las víctimas de crímenes violentos atraen a sus asaltantes mediante señales específicas que actúan como reclamo.

Estas señales no son realizadas conscientemente, por supuesto. Puedes pensar que vas emanando confianza y seguridad al caminar por una zona peligrosa de noche. Tu paso quizá sea rápido y firme, la mirada fija al frente con seguridad; pero un asaltante, o incluso un oficial de policía con experiencia, pueden decir enseguida si eres propenso a ser asaltado. El dictamen está en la sensación, en las "vibraciones" que emanas, más que en tales factores obvios, como la edad o el sexo.

El interés de los investigadores sobre este tema surgió hace casi veinte años, mientras impartían clase de comunicación a los oficiales de policía. Dos de estos oficiales mencionaron que ellos podrían distinguir de antemano a posibles víctimas de un asalto. Ellos seguirían a la persona en cuestión sin que se diera cuenta hasta que, mentalmente, el asalto ocurriría y ellos efectuaran el arresto. La explicación de los oficiales era que simplemente tuvieron una corazonada.

Los investigadores no estuvieron conformes con "las corazonadas" y filmaron a gran número de personas en una de las zonas más peligrosas de Nueva York. Todos los individuos fueron filmados aproximadamente a la misma hora del día, en la misma dirección y a la misma distancia de cámara. Los transeúntes parecían no estar conscientes del grupo de filmación oculto y ninguno de ellos era conocido por los filmadores. Cada trozo de filmación duraba de seis a diez segundos, el período de tiempo que suele transcurrir mientras se encuentra a alguien en la calle y se le deja atrás mientras se camina, y el tiempo que se tardaría en catalogar a un extraño. Las cintas de vídeo fueron clasificadas en cuatro grupos con 15 personas en cada una, según la edad y el sexo.

Había hombres y mujeres jóvenes (menos de 35 años) y hombres y mujeres mayores de 40. Las cintas de vídeo fueron exhibidas en la prisión de New Jersey, ante prisioneros acusados de crímenes violentos, incluidos el asesinato. Vieron estas cintas en grupos reducidos y el orden de las filmaciones se combinaba para cada grupo de prisioneros. Estos clasificaban a las víctimas en potencia según una escala de vulnerabilidad redactada por algunos de ellos.

Más de la mitad del segundo grupo de prisioneros, clasificó a los mismos 20 individuos dentro de las tres primeras categorías de vulnerabilidad a un asalto.

Por lo común, los hombres y mujeres de más edad, como podría esperarse, eran más propensos a ser asaltados por los jóvenes. Pero la mayor diferencia entre los tipos de víctima y no víctima no estaba ni en la edad ni en el sexo, sino en la forma de andar. Y las diferencias eran tan sutiles que, en algunos casos, solo un experto analista en el movimiento podría distinguirlas.

Antes de mostrar las cintas de vídeo en prisión, se analizaron mediante un sistema de designación del movimiento que permite distinguir con precisión y describir movimientos físicos según las partes del cuerpo utilizadas, su recorrido en el espacio, transferencia del peso y duración del recorrido.

Fueron codificados 21 tipos de movimientos diferentes, incluyendo varios que son por lo general cruciales en las clases de supervivencia urbana y contra la violación.

El tiempo de caminar de una persona fue medido, por ejemplo, contando el número de pasos dados en cinco segundos, y la mirada del sujeto, en el sentido de si éste tenía la tendencia a mirar hacia el frente, hacia abajo, o en ninguna dirección en particular. La mayoría de las publicaciones sobre asaltos, recomendarán caminar con rapidez alejándose de los asaltantes en potencia, con los ojos fijos constantemente al frente; pero estos factores probaron no ser significativos en la investigación llevada a cabo. El grado de relajación corporal aparente, la rectitud en la postura y la anchura de los pasos (si las piernas permanecían al andar dentro de los límites laterales de las articulaciones de la cadera o se extendían mas allá), parecían tener poca incidencia en el grado de asaltabilidad del sujeto.

El estudio, no obstante, puso en evidencia cinco tipos de movimientos específicos compartidos por la mayoría de las víctimas en potencia y que no exhibían prácticamente ninguna de las otras personas.

Aproximadamente, la mitad de las víctimas fáciles daban pasos inusualmente largos; pero ninguna de las no-víctimas daban pasos excesivamente cortos. El paso fue medido en relación al tamaño global del cuerpo y casi la mitad de las víctimas tenían tendencia a elevar los pies al andar.

La mayoría de las no-víctimas parecían transferir su peso de forma fluida, tridimensional, pero las víctimas transferían su peso de una manera definida, ya fuese hacia adelante y atrás, o de lado.

El movimiento relativo de brazos era también una diferencia significativa entre víctimas y no-víctimas. Las no-víctimas movían los brazos lateralmente al compás de sus piernas, de forma que el brazo derecho iría hacia el frente cuando la derecha fuese hacia atrás, y viceversa. Las víctimas, a menudo, se movían unilateralmente, con el brazo y pierna del mismo lado moviéndose hacia delante o hacia atrás al mismo tiempo. Además, los individuos considerados como difíciles de asaltar caminaban de manera clasificada como natural; esto es, sus movimientos parecían originarse a partir de un centro organizado en su cuerpo, en vez de ser efectuados de manera independiente por cada miembro en particular. Muchas víctimas se movían de forma que el movimiento de un brazo o pierna parecía separado del movimiento del cuerpo como un todo.

En general, la diferencia entre grupos de víctimas y no-víctimas, parece girar en torno a su forma de moverse, en el sentido que el cuerpo forme o no un grupo homogéneo. Las no-víctimas tienen una cualidad organizada en lo que respecta a sus movimientos corporales, funcionan cómodamente en el contexto de sus cuerpos. En contraste, el movimiento de las víctimas parece comunicar cierta resonancia y falta de armonía. Por supuesto, la forma de andar de una persona no es el único factor que puede hacer que ésta sea vulnerable al asalto. La edad, el sexo y el tamaño corporal desempeñan un papel obvio, aunque quizá menos preponderante de lo que se piensa por lo común. En alguno casos, además, un asaltante puede estar lo suficientemente desesperado como para atacar a cualquiera, pese al riesgo o las pocas posibilidades de éxito.

El valor de este estudio reside precisamente en el hecho de que se han aislado ciertas señales corporales específicas, que parecen guiar al agresor hacia la vulnerabilidad de su víctima. También se encontró, por ejemplo, que las mujeres que llevan zapatos de tacón alto tienden a ser del tipo víctima que eleva los pies al andar, porque los tacones le impiden balancear los pies desde los dedos al talón como las no-víctimas. El conocimiento de estos tipos de pistas, que son percibidas de manera bastante subconsciente por los criminales como señales de vulnerabilidad, podrían ser una ayuda para aquellas personas que son víctimas repetidamente de atracos y podrían ser un ejemplo para aquellos ciudadanos que deseen no ser atracados.

# *CAPÍTULO CINCO*

## Lo que son y lo que dicen ser

## ALGUNAS PERSONAS NO SON LO QUE PARECEN

Nos hacemos tanta propaganda a nosotros mismos que terminamos creyéndonos aquello de que presumimos. Nadie avala estas valoraciones, salvo nosotros, pero vamos por la vida presumiendo a nuestro modo sin que nadie se atreva a demostrarnos que estamos totalmente equivocados y que existe una versión mucho más acertada de nuestro carácter.
Estos son algunos ejemplos:

**Dicen ser...**
Inteligentes
*Pero en realidad son...*
Personas que han aprendido una profesión a base de años. Suelen considerarse como especialmente inteligentes los médicos, ingenieros, notarios y arquitectos. Pero el conocimiento profundo de una profesión no hace a nadie inteligente puesto que en la mayoría de los casos se han limitado a aprender de memoria las conclusiones de las personas que han escrito sus libros de texto. La inteligencia nace de la creatividad, de la inventiva.

**Dicen ser...**
Personas con gran personalidad.
*Pero en realidad son...*
Personas que mantienen sus peculiaridades en cualquier circunstancia y lugar, sin amoldarse a los cambios. Suelen esconder gran temor para cambiar sus modos de pensar y hábitos de vida.

**Dicen ser...**
Personas de gran carácter.
*Pero en realidad son...*
Gente con frecuencia déspotas. Suelen adorarse a sí mismos y desprecian a quienes manifiestan debilidades o a quienes la naturaleza no ha hecho fuertes. No gustan de reír espontáneamente y consideran que hay que tomarse la vida "en serio", sin que especifiquen exactamente en qué consiste eso.

**Dicen ser...**
De costumbres rectas y sobrias.
*Pero en realidad son...*
Sombríos, aburridos y con una educación rígida que quieren transmitir a los demás. Es frecuente en personas con un concepto de la religión equivocado, con temor de Dios y con una interpretación de los Mandamientos que hablan, según ellos, de tristeza, resignación, pobreza y calamidades como la única manera de llegar a Dios.

**Dicen ser...**
Amantes de los animales.

*Pero en realidad son...*

Despreciativos con aquellas especies pequeñas y aparentemente insignificantes, como las hormigas, los gusanos y las moscas. Les gusta participar en grupos de protección a los animales, pero nunca recogerán a un perro enfermo.

**Dicen ser...**

Ecologistas y amantes de la naturaleza.

*Pero en realidad son...*

Destructivos con las especies vegetales que les incomodan, como las zarzas o las malas hierbas. Destrozan los eucaliptos porque son especies que según ellos resecan la tierra y nunca se preocupan de regar los árboles y plantas de sus parques más próximos en los meses resecos del verano.

**Dicen ser...**

Solidarios con el Tercer Mundo.

*Pero en realidad son...*

Personas que piden ayuda económica para el Tercer Mundo mediante manifestaciones folclóricas y ruidosas, más parecidas a una juerga multitudinaria que a una petición seria. Ninguno de ellos se rasca su propio bolsillo para ayudar a esas personas, pero dan voces para que lo hagan los gobiernos.

**Dicen ser...**

Muy devotos y religiosos.

***Pero en realidad son...***
Personas que acuden a la iglesia para pedir cosas a su Dios. Mediante el rezo siempre le piden algo, salud, dinero o amor. Se refugian en su religión porque su vida está vacía y desean fervientemente que algún ser supremo les garantice la inmortalidad. Suelen ser intolerantes con otras creencias distintas a las suyas.

**Dicen ser...**
Valientes y decididos a todo.
***Pero en realidad son...***
Fuertes cuando todo está a su favor. Suelen tener mucho arrojo con los más débiles o cuando se sienten arropados por algún grupo o arma. Su fortaleza se viene abajo en momentos de penuria económica o enfermedad grave. En esos momentos solamente saben pedir ayuda.

**Dicen ser...**
Tímidos.
***Pero en realidad son...***
Miedosos ante cualquier circunstancia nueva. Les es más fácil echar a correr ante cualquier dificultad y ni siquiera intentan conseguir aquello que quieren por temor a equivocarse. Con el otro sexo nunca dan el primer paso.

**Dicen ser...**
De izquierdas.
***Pero en realidad son...***
Personas que odian a quien tiene más que ellos, bien sea a fuerza de trabajo, suerte o amigos.

**Dicen ser...**
De derechas.
*Pero en realidad son...*
Gente que no quieren compartir con los demás lo que se han ganado, según comentan, con su trabajo.

**Dicen ser...**
En absoluto racistas.
*Pero en realidad son...*
Personas a las que nunca les veremos confraternizando con los inmigrantes ilegales, ni admitiendo que su hija/o se case con un gitano.

**Dicen ser...**
Feministas a ultranza.
*Pero en realidad son...*
Mujeres que aborrecen a los varones porque necesitan de ellos cosas que nunca reciben. También, porque gustan de conseguir más privilegios que igualdades.

**Dicen ser...**
Indiferentes al sexo.
*Pero en realidad son...*
Personas que nunca han tenido relaciones sexuales intensas y gratificantes. También es posible que sientan miedo al fracaso sexual o a perder el control de sus emociones durante el orgasmo.

**Dicen ser...**
Nada celosos, muy liberales con la pareja.
*Pero en realidad son...*

Personas que no aman lo suficiente. También es posible que en realidad lo que están demandando es libertad para ellos/as y así poder mantener relaciones con otras personas alegando que "no hay nada malo" en ser infiel de vez en cuando. En el fondo, suelen denotar una falta de respeto absoluto para los sentimientos de su pareja.

**Dicen ser...**
Padres muy modernos.
***Pero en realidad son...***
Padres que se han leído el último manual de "Cómo educar a los hijos" y lo siguen al pie de la letra, sin darse cuenta que cada hijo es diferente a los demás y necesita un trato y una educación personalizada, a su medida.

**Dicen ser...**
Muy equilibrados y serenos.
***Pero en realidad son...***
Gente que no se emociona con nada y que tardan horas en tomar decisiones que otros las asumen en pocos minutos. Su vida transcurre con una monotonía tal que exaspera a los inquietos y ambiciosos.

# *CAPÍTULO SEIS*

## La bola de cristal

## ¿ES POSIBLE LEER NUESTRO DESTINO EN EL ROSTRO?

El futuro ha sido siempre una incógnita para la Humanidad, no solamente en el ámbito personal sino incluso en el político, económico y meteorológico, pero paradójicamente, y a pesar que los adivinos y futurólogos no gozan del aprecio ni la credibilidad de los científicos, quienes más les critican son los que hacen sus propias predicciones sin el menor rubor. Los médicos nos hablan de la evolución de nuestra enfermedad, los meteorólogos nos pronostican diariamente el tiempo, los agricultores nos dicen el rendimiento que tendrá la cosecha y hasta el cocinero nos asegura cuándo estará lista la comida. Se hacen predicciones sobre los próximos movimientos bursátiles, se pronostica el índice del coste de la vida, la evolución del desempleo y hasta sobre los cambios climáticos a cientos de años vista. Por supuesto, los más atrevidos son aquellos que nos dicen cuándo será el fin del mundo y cómo será la vida en el Cielo.
La cuestión es que no hay nadie, o casi nadie, que no haga sus propios vaticinios, sean personales o generalizados, pero cuando alguien trata de

racionalizar el futuro y explicarlo, le acusan de farsante o al menos de ignorante. Pero tal postura es síntoma de llevar puestas unas inmensas orejeras en su mente, puesto que ciertamente el futuro se puede predecir, con más o menos fortuna.

Les pondré un ejemplo: si nosotros plantamos una semilla podremos predecir con bastante seguridad cuál será su evolución, mes a mes, hasta que dé su fruto o su flor. Salvo imprevistos o descuidos importantes, el futuro de esa semilla es predecible.

Algo similar ocurre con el ser humano, puesto que según sea su genética, sus hábitos de vida y el lugar en donde se desarrolle, así podremos evaluar lo que ocurrirá con su salud. Las personas que saben interpretar las líneas de la mano lo hacen basándose en técnicas muy antiguas, lo mismo que quienes saben mirar el iris y ven con toda claridad las zonas corporales que acabarán irremediablemente enfermas si no ponemos los remedios adecuados para evitarlo.

Los chinos suelen ser muy entusiastas de las dotes adivinatorias, pero sus estudios suelen basarse en el estudio del cuerpo humano. Durante cientos de años han elaborado una estadística, divulgada generación tras generación, basada en el estudio del rostro humano y su predisposición a disfrutar o padecer en el futuro. Lo han dividido en Ocho Regiones, cada una de ellas relacionada con una faceta de nuestra vida.

Estas son las ocho clasificaciones:

**Región de la vida:**

*Situación:*
Entre ambas cejas.

*Morfología idónea:*
Gran separación (dos dedos es lo ideal), suave al tacto, y sin sobresalir.
Su poseedor suele ser generoso, tolerante y en modo alguno rencoroso.
Tendrá riqueza si la consigue de forma honesta.

*Defectos:*
Si hay pelo en esta separación indicaría personas rencorosas y de las que no podemos fiarnos.
Cuando existe una hendidura en medio de las cejas nos indicaría una persona muy trabajadora, reflexiva y que gusta de viajar a lugares lejanos. Suele estar muy marcada en personas que han tenido que abandonar el hogar a temprana edad y nunca recibieron ayuda de sus padres para empezar una vida en solitario.

*Su destino:*
Si se vuelve gris súbitamente, la muerte puede estar próxima.
Si es muy estrecha o se inclina bruscamente hacia la nariz, su vida estará sumida a grandes oscilaciones, lo mismo que sus riquezas.

Su vida cambiará bruscamente a partir de los 25 años.

**Región del ritmo:**

*Situación:*
Justo en lo que denominamos como sienes. Nos indica el equilibrio que necesitamos en la vida, entre nuestras emociones, la salud y el amor.

*Morfología idónea:*
Deben estar llenos, ser redondos y carecer de pelo, ni siquiera del cabello.

*Defectos:*
Especialmente los que contienen pelo o se inclinan hacia afuera.
No deben tener arrugas.

*Su destino:*
Si tienen pelo necesitarán trabajar mucho para lograr algún beneficio, pero eso les agotará y su longevidad será pequeña.
Si hay arrugas tendrán numerosos problemas difíciles de solucionar y su infancia les marcará el resto de sus vidas.
Si tienen defectos y están situados en una frente de poca altura, son personas con fuertes desequilibrios emocionales.

## Región del trabajo:

*Situación:*
Justo encima de la Región de la Vida. Podremos evaluar las posibilidades de conseguir el trabajo deseado y las posibilidades que tenemos en caso de querer cambiar una o más veces en la vida.

*Morfología idónea:*
Apoyada en el hueso debe ser redonda y suave.
Pueden ser ambiciosos y precavidos, siempre alertas para cuando las cosas no les salgan bien.

*Defectos:*
Si está hundida con respecto a la región de la Vida, o con protuberancias, indicaría que se trata de una persona poco fiable, aunque no en el sentido estricto puesto que puede ocurrir que en realidad no consigan sus deseos profesionales. Si es así, mejor que no se metan en negocios propios, en los que su dinero esté en juego.

*Su destino:*
Son personas que lograrán grandes posiciones en la vida y contarán con el apoyo de personas influyentes e incluso, si llegan a mandar, lograrán el apoyo de sus empleados. Aunque fracasen comercialmente, siempre se remontarán y lograrán vivir un poco mejor que antes.
Si esa región es imperfecta nos encontraríamos con personas que saben aprovechar sus oportunidades,

especialmente desde los 30 años, aunque en ocasiones lo hacen pasando por encima de los demás. Si ponen negocios propios les irá bien durante cinco años solamente.

**Región del dinero:**

*Situación:*
Se refiere a la nariz en general, salvo la zona que corresponde a la Región de la Vida. Nos indica las posibilidades que tenemos para conseguir ganar dinero, guardar el necesario para momentos de apuro, y que no seamos demasiado derrochadores.

*Morfología idónea:*
Debe ser ancha en la parte superior, la zona de los orificios, lo que indicará tener un buen olfato para el dinero y, también, disponer de lugares por donde puede entrar. Parece ser que cuanto más grande, más dinero puede almacenar y admitir.
Lo ideal, además de unos buenos orificios de entrada, es que sea recta y sin protuberancias, con una punta sonrosada y abultada.

*Defectos:*
Los orificios deben ser grandes, pero en caso de que los agujeros se vean frontalmente, el dinero, simbólicamente, saldrá con la misma facilidad que entra. Del mismo modo, unos orificios pequeños no dejarán pasar el suficiente dinero.

*Su destino:*
Si todo es correcto anatómicamente el dinero entrará y se podrá acumular y disfrutar. Si existen lunares, manchas o defectos, nuestros deudores no nos pagarán y terminaremos arruinados.

**Región de los amigos:**

*Situación:*
Se refiere a la línea que divide la frente y el pelo. Podemos evaluar si nuestros amigos son sinceros y merecen la pena conservarlos o, por el contrario, es mejor desconfiar de ellos.

*Morfología idónea:*
Debe estar situada lo más alta posible y abarcar la mayor anchura sin que interfieran los pelos laterales. En el caso de que la línea esté interrumpida por un vértice del pelo, justo en la zona central, nos indica que se realizarán numerosos viajes.

*Defectos:*
Si la línea está interrumpida por el pelo, es mala señal para este aspecto. Nunca podremos esperar ninguna ayuda de interés en nuestros amigos ni familiares, no tanto por su falta de sentimientos como por las pocas disponibilidades económicas que tienen. La vida laboral será intensa a partir de los 30 años, pero no llegará el dinero en la misma proporción.

*Su destino:*
Cuando es alta y larga nuestros amigos serán muchos y de buenos sentimientos. También contaremos con la ayuda de nuestra propia familia.
Si existe el vértice del pelo mencionado anteriormente tardaremos mucho en encontrar amigos, pero los pocos que consigamos serán buenos y agradables.

## Región genética:

*Situación:*
A medio camino entre las sienes y la parte superior, ligeramente inclinada hacia atrás. Nos habla de la influencia genética y educacional de nuestros padres hacia nosotros.

*Morfología idónea:*
La zona debe estar perfectamente redondeada y curvada, siendo la influencia genética más marcada en la medida en que está hundida hacia los laterales. No obstante y aunque la influencia sea intensa, no debemos culpar a nuestros padres de todas las situaciones adversas, puesto que el destino es responsabilidad de cada uno. Nuestros padres nos proporcionan la arcilla, pero el moldeado lo tenemos que hacer nosotros día a día.

*Defectos:*
Esa zona puede estar tapada parcialmente por el pelo y eso indicaría que los padres se han divorciado. Si

ambas regiones están situadas en planos diferentes, indicaría también conflictos paternos muy intensos.

*Su destino:*
Para que el futuro sea óptimo, esta Región debe ser tan perfecta como la del Ritmo y la de los Amigos. De no ser así, no se podrá esperar ayuda financiera por parte de los padres. Además, la conjunción de las tres Regiones proporciona sabiduría e inteligencia. En la medida en que esta Región sea correcta y si la vida de nuestros padres también lo ha sido, nuestra genética también heredará su buena suerte, tanto en el amor como en los negocios.

**Región de la Energía Vital:**

*Situación:*
Entre ojo y ojo, pasando por encima de la nariz. Nos indica la energía interna, la salud en general y la capacidad de regeneración.

*Morfología idónea:*
Debe ser muy ancha y estar alejada de la línea de la Vida, aquella situada entre las cejas.

*Defectos:*
Si el cabello inunda esta línea habrá frecuentes enfermedades y la depresión nos acompañará toda la vida. Si el pelo ni siquiera se interrumpe indicará una persona sin sentido del humor y con facilidad para enfadarse violentamente.

*Su destino:*
Cuando todo es correcto, el impulso sexual será igualmente intenso. Habrá reservas de poder y energía para cualquier circunstancia y la vida estará surcada de fiestas nocturnas, juergas y numerosos amantes. Puede existir tendencia a beber alcohol, tomar drogas y estar frecuentemente cansado por no dormir lo suficiente.

## Región del amor:

*Situación:*
Es una línea que va debajo justo de los ojos partiendo de los costados de la cara hasta el nacimiento del pelo. Nos indica nuestra fortuna con la pareja, con los amigos y con la familia, y por supuesto con nuestros hijos.

*Morfología idónea:*
Esa zona debe estar sonrosada, muy luminosa y no debe estar remarcada por surcos ni sombras.

*Defectos:*
Si existen arrugas o bultos con edemas es mal presagio, lo mismo que si hay arrugas en sentido casi vertical. Las bolsas debajo de los ojos no son un buen presagio y pueden indicar maldad, mientras que las zonas azuladas indican malos embarazos. Si hay patas de gallo antes de los 35 años indica personas que se irritan con facilidad y que exigen demasiado a su pareja. También advierten de un envejecimiento prematuro.

*Su destino:*

Cualquier defecto nos advierte de la posibilidad de perder amores muy queridos  y tener también desilusiones importantes en otros en los cuales habíamos puesto gran pasión. Si existe una hendidura en el extremo de los ojos indicará que el divorcio será la forma habitual en la relación matrimonial. Esto, no obstante, le hará desear intensamente encontrar una relación sincera y estable basada en la lealtad y la paciencia.

# CAPÍTULO SIETE

## Salud y carácter

## NUTRICIÓN Y COMPORTAMIENTO

Aunque casi todo el mundo sabe lo decisivo que es para la salud corporal una buena alimentación, pocos son conscientes de que una incorrecta nutrición puede alterar nuestro carácter y darnos un comportamiento con los demás totalmente diferente al que tendríamos si estuviéramos correctamente alimentados.

En este capítulo sintetizaré cada carencia nutricional, cada nutriente en particular, y explicaré las alteraciones del carácter que se producen cuando tenemos carencia, crónica en especial, de los nutrientes más esenciales. Una vez sabido esto, sabremos si el comportamiento insociable, rebelde y apático de nuestros vecinos y amigos es producto de su mala alimentación o si genéticamente no tienen arreglo.

### *Carencias vitamínicas y comportamiento*

### Vitamina A:

- Afecta esencialmente a la vista, las mucosas y la piel. No se conocen efectos sobre el carácter.

**Vitamina D:**

- Interviene en el metabolismo del calcio.
- Su carencia en el adulto puede generar depresiones y trastornos emocionales en los niños.

**Vitamina E:**

- Su carencia afecta esencialmente al aparato reproductor, testículos y ovarios.
- En los niños puede declararse cretinismo y en los adultos impotencia. Se han detectado algunos casos de degeneración del sistema nervioso.

**Vitamina F:**

- Esencial en el mantenimiento del sistema nervioso.
- Provoca alteraciones en el comportamiento, especialmente el síndrome del niño hiperactivo.
- En los ancianos se puede declarar demencia senil.
- Se conocen numerosos casos de irritabilidad y depresiones nerviosas.

**Vitamina K:**

- Esencial para la coagulación sanguínea.
- No se conocen alteraciones del carácter por su carencia.

### Vitamina B-1:

- Interviene en la transmisión del impulso nervioso.
- Su carencia provoca anorexia, palpitaciones y taquicardia.
- Hay confusión mental, amnesias frecuentes, neuralgias, jaquecas, neurosis, depresiones e insomnio rebelde.

### Vitamina B-2:

- Interviene en la producción de energía.
- Puede haber cambios frecuentes en el humor y temblores.

### Vitamina PP:

- Interviene en la síntesis de los neurotransmisores.
- Su carencia produce depresiones, neurosis, fobias e irritabilidad en épocas de calor.

### Ácido pantoténico:

- Interviene en el ciclo de Krebs.
- Puede haber alteraciones del comportamiento, depresiones e irritabilidad.

### Vitamina B-6:

- Interviene en diversos procesos metabólicos.

- Suele existir pérdida de memoria, disminución de las facultades intelectuales e insomnio.

**Ácido fólico:**

- Interviene en la maduración de los glóbulos rojos y el metabolismo del calcio.
- Produce alteraciones psíquicas, depresiones intensas y en ocasiones psicosis severas.

**Biotina:**

- Esencial en el metabolismo.
- Puede haber apatía, retraso intelectual y cansancio.

**Colina:**

- Interviene en la transmisión nerviosa.
- Se declara demencia senil.

**Vitamina B-12:**

- Esencial en la hematopoyesis y la maduración de la médula espinal.
- Su carencia puede producir psicosis, apatía y anorexia.

**Vitamina C:**

- Es esencial en docenas de funciones orgánicas.

- Su carencia puede provocar debilidad mental, alteraciones del carácter y cansancio muscular.

### *Carencia de aminoácidos y comportamiento*

**Fenilalanina:**

- Colabora en la misión de los neurotransmisores nerviosos.
- Su carencia provoca depresiones, disminución del apetito sexual y fuertes depresiones.
- Puede haber bulimia y alteraciones graves de la conducta.

**Isoleucina:**

- Ayuda al desarrollo muscular y estatural.
- No se conocen alteraciones del carácter por su carencia.

**Leucina:**

- Forma parte de las fibras musculares.
- No se conocen alteraciones del carácter.

**Lisina:**

- Esencial para el desarrollo infantil.
- Su carencia provoca impotencia y frigidez. También irritabilidad, ansiedad, pérdidas de memoria y esquizofrenia.

**Treonina:**

- Interviene en el metabolismo del fósforo.
- Altera la personalidad. Hay irritabilidad.

**Metionina:**

- Actúa sobre las células hepáticas.
- Hay alteraciones en la conducción nerviosa y aumenta la sensibilidad al dolor.

**Triptófano:**

- Precursor de los neurotransmisores.
- Existe ansiedad, pérdida de la memoria, tristeza, insomnio, pérdida de reflejos y depresiones.

**Valina:**

- Interviene en el metabolismo muscular.
- Existen problemas emocionales como bulimia, insomnio y nerviosismo.

## *Alteraciones del comportamiento que mejoran tomando otros aminoácidos*

- Demencia senil, lagunas mentales, angustia, ansiedad, fatiga intelectual, autismo o pesadillas: **Ácido glutámico.**
- Estrés y pérdida de memoria: **Arginina.**
- Debilidad nerviosa y cerebral: **Aspartato.**

- Agresividad, ansiedad e irritabilidad: **Glicina.**
- Hiperexcitabilidad, disminución de la libido: **Histidina.**
- Depresiones: **Ornitina.**
- Tristeza y pérdida de la memoria: **Prolina.**
- Apatía, depresiones crónicas y bulimia: **Tirosina.**
- Retrasos mentales, excitabilidad infantil, degeneración mental del anciano: **Taurina.**

## *Carencias de minerales y oligoelementos y su relación con el comportamiento*

**Calcio:**

- Esencial en la formación de huesos y dientes.
- La carencia puede ocasionar demencia, depresión y psicosis inexplicable.

**Magnesio:**

- Esencial en la contracción muscular y para activar numerosos enzimas.
- Su carencia provoca insomnio, muecas, calambres, tics nerviosos, dificultad en mantener los pies quietos, mala memoria, alteraciones de la personalidad, depresiones suicidas, ansiedad y miedo al futuro.

**Fósforo:**

- Desempeña un papel esencial en la producción de energía.

- Tartamudeo, incoordinación al hablar, mala memoria, falta de concentración en los estudios, irritabilidad, neurastenia e insomnio con crispación.

**Sodio:**

- Regula los procesos digestivos y el líquido celular.
- Su carencia ocasiona apatía mental y fatiga intensa.

**Potasio:**

- Mantiene la hidratación de la piel y participa en la transmisión de los impulsos nerviosos.
- Debilidad mental, confusión, pérdida de los reflejos, somnolencia e irritabilidad.

**Cloro:**

- Mantiene la presión arterial y el equilibrio ácido base de la sangre.
- Su carencia ocasiona sudores intensos.

**Cobalto:**

- Interviene en la formación de hormonas y en la regulación del sistema nervioso simpático.
- Su carencia ocasiona palpitaciones, taquicardia, angustia e irritabilidad.

**Cobre:**

- Necesario en la síntesis de la hemoglobina y en la producción de RNA.
- Afecciones degenerativas del sistema nervioso.

**Cromo:**

- Regula la cantidad de lípidos en sangre e interviene en el metabolismo de la glucosa.
- Su carencia ocasiona pérdida de energía, nerviosismo, irritabilidad, confusión y mala memoria.

**Germanio:**

- Activa la secreción de endorfinas y mejora la utilización del oxígeno celular.
- En depresiones y angustias.

**Hierro:**

- Necesario en la maduración de los eritrocitos.
- La carencia ocasiona fatiga, insomnio, depresiones, irritabilidad, tendencia al llanto, mala memoria, impotencia y frigidez.

**Yodo:**

- Controla el metabolismo energético.

- Su carencia ocasiona cretinismo, sueño y bajo rendimiento intelectual.

## Litio:

- Actúa en la hidratación celular y mantiene la membrana en buen estado.
- Se emplea en las manías depresivas, los cambios de humor, la depresión agitada, ideas de suicidio, melancolía, trastornos del humor, irritabilidad, ansiedad, angustia, disminución de la creatividad, alteraciones del sueño, hipocondría, agresividad y fobias.

## Manganeso:

- Actúa como catalizador en multitud de procesos enzimáticos.
- Se emplea en alteraciones del comportamiento con irritabilidad y ansiedad, comportamiento inquieto, esquizofrenia leve, falta de memoria.

## Molibdeno:

- Indispensable en la fijación del nitrógeno.
- Se emplea en la irritabilidad, insomnio e impotencia sexual.

## Sílice:

- Esencial en la formación de todos los tejidos orgánicos.

- Se emplea en el agotamiento nervioso y las distonías neurovegetativas.

**Zinc:**

- Necesario para el funcionamiento del aparato genital y el sistema inmunitario.
- Se emplea en la impotencia y la anorexia.

# CAPÍTULO OCHO

## Por sus actos le conoceréis

## LOS GESTOS

Mientras que la cara nos delata nuestras verdaderas emociones, defectos y virtudes, en ocasiones tan perfectamente que es casi imposible  ocultarlos (ya saben aquello de "la cara es el espejo del alma"), con los gestos del cuerpo lo que pretendemos es exagerar, motivar, intimidar y hasta ligar, entre otras cosas. Son nuestro medio de expresión más empleado, incluso más que la palabra, especialmente cuando vamos en coche, estamos intentando encontrar amores en una discoteca o escuchamos pacientemente (o aburridamente) a alguien.

Aunque el refinamiento en los gestos y posturas puedan engañar a los novatos, cuando el lector de este libro acabe de leerlo entero y se haya dedicado algunos días a practicar lo aprendido aquí, no habrá nadie, por buen actor que se crea, que nos pueda engañar con sus gestos. Sin embargo, y como contrapartida a nuestros nuevos conocimientos, con nuestra mímica aprendida con esmero podremos hacer lo que queramos con nuestros vecinos, engañándoles y haciéndoles creer que nosotros somos tan maravillosos, inteligentes y poderosos como queramos, salvo que también hayan leído este libro.

Ya he explicado que con los gestos podemos hacer tres cosas básicas: mentir, expresar o definir, y eso lo podemos hacer empleando todo el cuerpo, las manos, los brazos y hasta el movimiento.

**Gestos aparentemente sin importancia:**

Cuando el sagaz lector haya terminado de leer este libro se habrá dado cuenta que no hay un solo gesto o postura en nuestro cuerpo que no obedezca a un estado de ánimo concreto. Todo cuanto hacemos físicamente tiene una correspondencia con nuestra mente y nuestros deseos. Vean esta serie de gestos habituales:

**Retorcerse un trozo del pelo:**
Suele ser habitual ver a jovencitas y algo menos jóvenes, cogiendo un mechón de su pelo y efectuar con él una y mil veces un retorcimiento, en un intento involuntario de formar con el pelo un rizo o un tirabuzón. Su finalidad no es esa, puesto que si lo consigue empleará a continuación algo más de tiempo en dejarlo bien liso. La explicación que dan los psicólogos es que los niños se suelen entretener con cosas así cuando están cansados de los sermones de sus padres. Posteriormente, y aunque esos sermones ya no existan, quedará ese hábito como una manera de llevar la vida con resignación y paciencia.

**Mordisquearse el labio inferior:**
El mordisqueo insistente conlleva el despellejarse una y otra vez el labio, sin darle oportunidad nunca de regenerarse. Pudiera parecer una forma de autocastigo, casi una costumbre masoquista, pero posiblemente el origen está solamente en una personalidad frustrada y en cierto grado agresiva. Es como quien golpea con el puño la palma de su mano antes de comenzar a pelear. Afortunadamente, cuando se sustituye el labio por el puño, el que más sufre es uno mismo, puesto que no siempre puede descargar su ira en el causante.

**Colocarse las gafas reiteradamente:**
Las gafas ciertamente se suelen caer, pero no tanto como para que tengamos que estar todo el día ajustándolas en la nariz. Ese tic nervioso es tan frecuente como el cerrar los ojos fuertemente cada poco tiempo y ambos parecen obedecer al mismo problema: se trata de mantener alerta la mente en esas circunstancias, no porque la situación sea más importante que las demás, sino porque por causas físicas esa persona necesita esos pequeños estímulos. Ciertamente consiguen su objetivo, pero hay que reconocer que es algo molesto.

**El pie nervioso:**
Seguro que conocen algún amigo o familiar que tiene el tic de mover insistentemente un pie cuando está sentado con las piernas cruzadas. Puede llegar a ser exasperante para todos, menos para él. Para algunos

se debe a un exceso de energía que tiene que ser liberada, mientras que para otros es un síntoma de aburrimiento. Pero la causa más habitual es una gran lucha interna que no se percibe exteriormente, puesto que para esa persona su imagen es vital. Puesto que debe conservar una apariencia de serenidad y de equilibrio perfecta, lo mejor que puede hacer es mover sus pensamientos a través de su nervioso pie.

**Morderse las uñas:**
Y si hablamos de tics que exasperan a quienes los miran, el rey de todos ellos es el de morderse las uñas. Su visión prolongada puede revolver las tripas al más estable y desesperar al más tranquilo, todo ello mientras el ejecutante sigue enfrascado en la uña número cuatro, después de haberse cepillado tres. Si les preguntamos nos dirán que en realidad no se muerden las uñas, pero lo cierto es que las suelen tener totalmente rapadas, con más yema que uña.
Su conflicto interno es algo que brota aún a su pesar y nos demuestra una personalidad angustiada, muy agresiva y con grandes dosis de rencor. Siempre encontrarán a algún culpable de sus angustias, aunque lo más habitual sea la familia o "la sociedad". Indudablemente requieren ayuda, pero debemos estar preparados para alejarnos de ellos cuando su ira deje de concentrarse en sus uñas y la tome con el prójimo.

**Mover el cuello:**
Parece que tienen siempre una soga al cuello o que la camisa les aprieta enormemente. Normalmente no ocurre ni lo uno ni lo otro, especialmente lo de la

soga, pero cualquier roce esporádico del cuello de la camisa o el suéter, les obliga a una contorsión del cuello en busca de su liberación.

Hay quien afirma que este tic nervioso se debe a un problema físico real, como alergias, aunque también hay quien asegura que se da en personas con una personalidad muy acusada, sensibles e inteligentes, que necesitan tener todo en orden para sentirse seguros, incluido su cuello. Una adecuada conversación y algo de juerga, suele relajarles para una buena temporada.

## Crujir de huesos:

Otro gesto que se nos hace incomprensible y en ocasiones intolerable. Estamos hablando con una persona, parece escucharnos, pero en ese momento se dedica a lo que nosotros consideramos como martirizar sus dedos, retorciéndolos y haciendo crujir sus articulaciones con todo deleite. Detrás de un crujido sigue otro y si una articulación se le resiste insiste hasta que, por fin, suena el chasquido. Su cara demuestra gran satisfacción en ese momento, mientras que la nuestra lo único que muestra es una mueca de repulsa en la boca.

Físicamente parece ser que contribuye a eliminar el aire que albergan sus articulaciones, aunque con el tiempo solamente se convierte en un tic que libera su mente de algo que no le interesa escuchar. Si es usted quien le tiene delante ya es hora de que cambie su discurso porque no le está escuchando y prefiere concentrarse en el dulce sonido del chasquido de sus dedos.

**Rechinar los dientes:**
En este caso parece ser que existe primordialmente una causa física. La presencia de gusanos intestinales, lombrices, es la causa más habitual en los niños, lo mismo que el exceso de azúcar. De todas formas, y por razones extrañas, solamente se da en niños sensibles, cariñosos y que necesitan estabilidad emocional en sus familias.

Cuando ocurre en un adulto habrá que pensar en una persona igualmente sensible, sometida a grandes tensiones emocionales y poco cariño. Unos cuantos kilos de amor y muchas palabras, le quitarán el tic para siempre.

## EL LENGUAJE DE LOS BRAZOS:

Para unos son nuestro escudo, nuestras defensas, mientras que para otros suponen solamente el soporte de las manos, las bielas que moverán y cogerán las cosas. Indudablemente, a lo largo de nuestra vida empleamos los brazos más como escudo o barrera que como método para atraer a las personas. Mientras que con las manos protegemos instintivamente nuestros genitales, para el resto de las defensas empleamos mejor los brazos. Son menos versátiles que los dedos de las manos pero su estructura ósea es muy sólida y no es una casualidad que la naturaleza haya situado los codos justo a la altura del hígado y que un simple plegado de los antebrazos nos permita proteger con la misma eficacia el corazón y los pulmones. Los boxeadores, además, emplean los brazos para proteger sus costillas y su estómago, mientras que los artistas marciales emplean sus codos y antebrazos como eficaces armas de ataque.

Por ello no nos debe extrañar que todos nosotros empleemos habitualmente los brazos, en una u otra posición, para defendernos de las agresiones de los demás, aunque habitualmente lo interpretemos como una sencilla postura anatómica sin mayor utilidad.

**Cosas que ocurren cuando mantenemos los brazos cruzados:**

1. Siempre que adoptamos una posición defensiva o mediante la cual no estamos dispuestos a aceptar algo, cruzamos los brazos. Por tanto, si queremos

que alguien acepte nuestros razonamientos debemos impedir que nos escuche con los brazos cruzados.

2. Parece ser que se estudia peor cuando se mantienen los brazos cruzados y no se asimilan correctamente las enseñanzas habladas mientras no soltemos los brazos.
3. Ver una película o programa de televisión nos resultará menos gratos con esa postura.
4. La mente se mueve incesantemente a lugares distintos si cruzamos los brazos.

Hay quien afirma que nada de esto es cierto y que en realidad cada uno adopta la posición de los brazos que le resulta más cómoda, sea cruzados o relajados, lo que no es cierto. Cualquier posición que obligue a un músculo o grupo de músculos a estar contraídos implica cansancio y poco a poco crispación. Nadie se relaja cerrando el puño con fuerza.

Observen a una persona a la cual le han dado una buena noticia y verán que nunca mantiene sus brazos cruzados. Del mismo modo, cuando dormimos nuestros brazos se extienden para permitirnos descansar y nadie es capaz de decir a alguien lo mucho que le quiere con los brazos cruzados.

Hay numerosos casos que demuestran que instintivamente todo el mundo que se encuentra a disgusto cierra sus brazos, lo mismo que quienes empiezan a sentirse amenazados verbalmente. Estos detalles los podemos ver durante los discursos, políticos o sociales, en los cuales las personas hostiles al orador y especialmente aquellas que van a manifestarse en contra, mantienen inicialmente sus brazos cruzados mientras escuchan. Por eso, si quiere que sus oyentes se pongan de su parte trate de relajarle sus brazos, sea contando chistes o hablando de algo que les guste. Del mismo modo, si la conversación comienza bien pero uno de los dos cierra sus brazos es que algo no marcha correctamente y deberá tenerlo en cuenta. Bastará con emplear algún truco, como darle algo en la mano o pedirle que mire algo que está abajo, para que suelte sus brazos y con ello aparque momentáneamente su actitud hostil.

**Momentos en los cuales cruzamos los brazos habitualmente:**

- Los jóvenes cuando están recibiendo una regañina pero no están de acuerdo con ella.
- En las reuniones de vecinos cuando el oyente está predispuesto de antemano contra el orador.
- Cuando nos intentan vender algo que no nos es necesario.
- Cuando tenemos intención de atacar al oponente, tarde o temprano.
- Cuando vemos hostilidad pero no podemos marcharnos o evitarla.
- Cuando queremos insultar con la mente, pero no con la boca.
- Después de una charla demasiado larga, para intentar bloquear nuestra cansada mente.

**Otras maneras de cruzar los brazos:**

- **Apretándolos sólidamente contra nuestro pecho**.
En estos momentos la ira contenida puede explotar bruscamente.
- **Poniendo ambas palmas sobre los antebrazos, por fuera**.
Esta posición es sumisa y permite aceptar el destino inmediato. Habitualmente la emplean las mujeres cuando están desnudas delante de hombres a quienes no conocen o que les intimidan. También la podemos encontrar en numerosas religiones, como una forma de sumisión ante los designios de su dios.
- **Poniendo una palma por fuera y otra apoyada en el costado**.
Indica negativismo pero ausencia de agresividad.
- **Con los puños apretados, aunque escondidos**.
La agresividad es manifiesta, aunque quien adopta esta postura no está seguro de que sea el momento más adecuado para ejercerla. Quizá no tiene más poder que su oponente.
- **Manteniendo los pulgares fuera**.
Habitualmente lo vemos cuando hablamos pacientemente con un niño a quien queremos reprender o con alguien más bajo que nosotros. Siempre es una actitud de bondad hacia el otro, aunque estemos disgustados con su comportamiento.

- **Cogiéndose ambos codos con las manos.**
Hay menos agresividad, pero el negativismo sigue presente. La posición indica paciencia ante unos hechos o palabras que no nos gustan. Depende de lo que veamos o escuchemos así se modificará nuestra decisión, aunque habitualmente se cede por aburrimiento o desilusión.

## Cruzar un solo brazo:

La posición defensiva sigue siendo notoria, aunque ahora al menos no existe miedo, sino solamente recelo. Es como si quisiéramos mantener nuestros escudos desplegados, pero sin que el enemigo lo sepa. Es una postura habitual en lugares sociales, en reuniones en las cuales somos invitados y no conocemos a casi nadie.

## Advertencia:

Si vemos a una persona así en una reunión es el momento de acercarnos a ella para integrarla en el grupo.

## Otras barreras físicas:

Pero no solamente cruzando los brazos podemos establecer cierta protección contra posibles enemigos, sino que hay otras protecciones que se suelen emplear igualmente prácticas y que proporcionan el suficiente alivio a quien las muestra.

## Las gafas de sol:

Hay quien asegura que las lleva para eso, para protegerse del sol, pero en la mayoría de las ocasiones es solamente para ocultar nuestros ojos de la vista de los demás. Pudiera ser que tengamos miedo que nos vean nuestras emociones reflejadas en los ojos, aunque es posible que se empleen para mirar a las personas sin que lo sepan. Son frecuentes en cantantes y actores de cine cuando pretenden salir de incógnito a la calle, pero también las llevan los delincuentes habituales y, por supuesto, los Hombres de Negro.

Los espías, las mujeres infieles y quienes acaban de asistir a un funeral son otras personas consumidoras habituales de intensas gafas de sol, cada una por motivos diferentes. Por supuesto, también las llevan los pedantes, los cursis y quienes piensan que así ligan más, incluso dentro de una sombría discoteca.

La gran diferencia entre todas estas personas es que mientras unos las llevan para ocultar sus sentimientos, otros lo hacen para que no les reconozcan. Como verán, muy pocas personas las llevan exclusivamente para el fin para el cual fueron creadas: para proteger los ojos del sol intenso.

Mi experiencia es que quienes las llevan durante el invierno o en circunstancias sin definir es porque su personalidad flaquea de algún lado, bien sea por timidez o agresividad.

**Grandes sombreros:**

Posiblemente las mujeres alegarán que el sombrero no es una barrera física, pero seguramente es porque no se acuerdan de esos grandes sombreros con velo incluido que hasta ayer se llevaban en todas las bodas y bautizos. Posiblemente fuera elegante, pero nadie puede negar que era una discreta barrera que ocultaba el rostro de su portadora. Si la mujer tenía algún defecto físico en la cara parecía lógico que lo ocultara, pero si era guapa no le encontramos otra utilidad que el añadir algo de morbo por lo desconocido. Por ejemplo: "¿quién será esa hermosa mujer de espléndida figura?. O también: "¿quién será la acompañante desconocida de Pepito?". En estos casos queda demostrado que esos sombreros son una buena barrera y su utilidad quedó patente si tenemos en cuenta el gran éxito que tuvieron.

**El bolso:**

Nuevamente nos encontramos con el hecho de que son las mujeres quienes deben establecer otra barrera, aunque en este caso es aún más extraña. Los bolsos de las mujeres son una prenda más de su atuendo, mientras que en el varón no existe un homólogo, una vez que esos pequeños bolsos, denominados mariconeras, cayeron en desuso. También estoy seguro que ellas alegarán que un bolso no es una barrera, sino un objeto que les permite llevar a la calle todo el arsenal de pequeñas cosas que supuestamente van a necesitar ese día. Habitualmente no las necesitan, pero si rebuscan en el bolso de una mujer encontrarán docenas de objetos que no son de uso diario; se llevan "por si acaso". Pero observen un detalle: cuando la mujer necesita sentirse segura pone el bolso delante, no solamente para impedir que se lo roben, sino para emplearlo como objeto contundente si es necesario.

Lo cierto es que psicológicamente tener un objeto delante del tórax proporciona cierta seguridad y con frecuencia supone una barrera física para las personas molestas.

## Otros objetos:

También podríamos considerar barreras los ramos de flores, jugar con el reloj, tocarse los puños de las camisas, rodar el anillo y hasta frotarse las manos, pero cada uno de estos casos requiere un estudio más personalizado. No siempre se emplean para apartar a alguien, sino que en muchas ocasiones más que barreras son entradas, como cambiarse el anillo de bodas a la otra mano cuando alguien nos interesa.

## USO DE LAS MANOS:

Con las manos podemos trabajar, amar, curar y matar, además de cocinar, limpiar, escribir, pintar y conducir, entre otras cuestiones. Por ejemplo:

**Usadas como sanadores:**

* Tomamos la mano de un enfermo no solamente para darle consuelo, puesto que esto lo podemos hacer mejor con la palabra, sino para intentar transmitirle nuestra propia energía y así poder contribuir a su curación. Este acto tan universal, coger la mano de los enfermos, tan suavemente que parece mentira que seamos capaces de hacerlo así, es tan conmovedor como la caricia a un niño, pero persigue un fin más práctico.
* Con la mano apretamos nuestra frente cuando nos duele, en un intento de que mediante la presión en los vasos sanguíneos superficiales se alivie nuestro dolor, lo que ciertamente se consigue parcialmente. Esa misma técnica la realizamos casi intuitivamente cuando presionamos una zona que acaba de recibir un golpe, como queriendo detener el inevitable chichón que pronto tendrá lugar.
* Podemos enderezar articulaciones dislocadas, relajar músculos contraídos y realizar un masaje tan placentero que provoque pasiones intensas.
* También podemos dar una palmada enérgica en la espalda, con el fin de sacar de la apatía o la timidez a algún indeciso. Ese contundente golpe

surtirá el mismo efecto que el látigo en un caballo o la misma palmada efectuada al aire a modo de señal.

**En señal de amistad:**

- Cada vez que mostramos la palma de nuestra mano, desde lejos especialmente, queremos indicar que no tenemos ninguna intención hostil. Nuestras palmas en ese momento no albergan ninguna arma contundente y son un lenguaje universal de paz.

- 

  **Pero...**
  Ese mismo sistema será empleado por los malvados y por aquellos que lo único que pretenden es que nos acerquemos a ellos confiados. Unas manos mostradas abiertamente ante nosotros son una intención de paz si va unida a otros detalles, como por ejemplo: debe existir un mínimo de tensión muscular en ellas y los brazos que las soportan.

  **Y también...**
  La mirada debe ser directa a nuestros ojos, con la barbilla levantada y la mandíbula relajada. Observe precisamente este último detalle cuando alguien le diga con sus palmas que debe confiar en él; una mandíbula cerrada indica posición de espera y agresividad escondida.

**Cuando nos abren también los brazos en forma de cruz:**

- Otro símbolo universal de paz, ahora manifestando su deseo de estrecharnos. Cuanto más abiertos estén los brazos, más intención hay de manifestarnos su cariño puesto que con ello pretenden abarcar totalmente nuestro cuerpo.

**Pero...**
Tenga cuidado cuando se trata de personas de sexo diferente puesto que esta manifestación de cariño quizá no sea prudente. Una vez que el abrazo se ha cerrado sobre nosotros ya no valen excusas y hay que aceptarlo, aunque sea embarazoso.

**Y también...**
Si la persona alberga intenciones malévolas tratará de llegar rápidamente hacia nosotros, caminando con energía. Por el contrario, cuando todo está en orden esperará pacientemente con los brazos abiertos, tanto como sus ojos, a que nosotros nos acerquemos a él. Nuevamente le recomendamos que observe sus ojos antes de admitir ese abrazo tan intenso.

**Precaución:**
Cuando alguien quiere convertir ese abrazo en algo sexual o pasional, no se limitará a abarcarnos con sus brazos y juntará también su pelvis hacia nosotros. Si eso le agrada, pues adelante hasta que

sus cuerpos echen fuego, pero en caso de que la amistad entre ambos no llegue a tanto mantenga alejada su pelvis de su cariñoso amigo.

**Manos que piden:**

- Las manos abiertas con ánimo de recibir algo nunca deben estar tensas, puesto que deben indicar debilidad, económica o emotiva. La palma puesta hacia arriba, con el brazo ligeramente recogido está demandando ayuda. En la medida en que la persona que pide esté más desvalida o cansada de recibir solamente desprecios, su mano permanecerá pegada al costado, indicándonos que no confía en nuestra bondad.

Ese mismo gesto lo veremos en quien nos pide comprensión, ternura o nos quiere demostrar su gran humanidad. Jesucristo y otros grandes profetas solían acercarse a la gente mostrando sus manos abiertas, situadas muy cerca de su cuerpo. Así nos hablaban de su mansedumbre, de su bondad, y hasta de su resignación por nuestras malas intenciones.

**Pero...**
Desconfíe nuevamente de quien las mantenga en tensión. Cuando la paz está en nuestros corazones las manos están relajadas puesto que nada queremos hacer con ellas, salvo mostrarlas vacías.

**Y también...**

Usted lo que debe hacer es juzgar especialmente la espontaneidad de su interlocutor. Si la intención es buena nos pondrá la palma de sus manos hacia arriba como un gesto más de su cuerpo, empleándolo para dar énfasis a sus palabras. También le servirá para saber si su interlocutor confía en usted.

Si la mano le indica que pase en la dirección indicada y se la muestra relajada, puede confiar en sus buenas intenciones. No obstante, si esta indicación se hace con la mano tensa y el índice igualmente tenso, como una flecha, sabrá que está ante una persona autoritaria y agresiva.

**Importante:**

Cuando alguien le dice "seré sincero son usted", y le muestra las manos abiertas y sueltas, simultáneamente espirando el aire de los pulmones con síntomas de abatimiento, será señal de que ciertamente quiere ser sincero y llegar a un entendimiento. Las personas inspiramos para efectuar una acción y soltamos el aire cuando ya no queremos pelear más.

**Cuando estamos sentados:**

- Ya sabemos que es norma de buena educación tener las manos siempre sobre la mesa cuando hablamos con alguien, pero esta norma se olvida de manera instintiva según nuestras intenciones. Si no confiamos plenamente en nuestro interlocutor y presentimos que nos puede engañar o tratar de hacer daño, permaneceremos recostados hacia atrás en el asiento, mientras nuestras manos están apoyadas en las rodillas. Así tratamos de mantenernos a distancia y guardamos nuestras armas, las manos, con nosotros, fuera de su vista. Ya saben que una regla de los guerreros Ninja era no mostrar nunca nuestras armas al enemigo.

**Pero...**
Cuando desconfiamos del interlocutor y no queremos mostrarle miedo alguno, solemos recostarnos nuevamente sobre el respaldo de nuestro asiento (ya sabe, para guardar las distancias), pero una de nuestras manos permanece apoyada en la mesa, normalmente apoyada discretamente sobre la yema de los dedos. La otra, habitualmente, la tenemos escondida, como quien esconde un arma.

**Y...**
Esa misma conclusión le servirá para cuando sea usted quien esté siendo entrevistado y su interlocutor permanezca parapetado detrás de la mesa. Habitualmente quienes ostentan el poder y gustan de hacerlo, suelen hablar con la gente apoyando solamente una mano en la mesa y en ocasiones repiqueteando sus dedos mientras escuchan. Ciertamente es una actitud prepotente pero si no quiere que le intimiden manténgase usted igualmente fuera de su alcance y recuéstese en su silla.

**Importante:**

Si usted ha decidido demostrar a su interlocutor que el hecho de que tenga el poder en esa empresa o situación no le intimida, no necesita emplear palabra alguna; simplemente, recuéstese en el respaldo, cruce los brazos y escúchele con la mirada altiva. Pronto le tendrá algo más manso y razonable.

**En resumen:**

Si cuando estamos hablando teniendo una mesa entre los dos ponemos ambas manos en el tablero con los brazos estirados eso indicará interés, pero también precaución. Si los brazos están también sobre la mesa pero muy relajados y la mirada no está fija en nosotros, la conversación no interesa y es posible que vaya a terminar pronto.

Y finalmente, cuando nuestro interlocutor está bien apoyado en su respaldo, con el tronco recto y ambas manos, o codos, descansando sobre la mesa, con la mirada puesta en nosotros, la conversación será, cuando menos, interesante. Es el mejor momento para clarificar posturas y llegar a un acuerdo.

**Pero, ojo...**

Si en el transcurso de la conversación las palmas cambian de posición, será indicio de que los pensamientos se están igualmente modificando. Si están apoyadas en la mesa boca abajo, con los brazos estirados y los dedos tensos, indicarán autoridad, fastidio o agresividad hacia nosotros. Si la yema de los dedos tamborilea en la mesa la impaciencia es ya un hecho y hay que dar por terminada la conversación o al menos cambiar de tema.

**Y ya sabe...**
Si quiere dejar las cosas claras cierre su mano derecha y mantenga el índice recto, en cualquier dirección. Esa es una señal universal de ordeno y mando y de posturas claras.

**Cuando nos estrechan la mano:**

Aunque esta norma social de cortesía ha sido reemplazada por el beso en la mejilla, sigue siendo la mejor forma para demostrar educación, respeto y distancia adecuada en nuestras relaciones sociales y laborales. La mano se ofrece en señal de amistad, como una prueba de que no escondemos armas y que nuestras intenciones son, en principio, corteses. Nadie sabe las razones para sacudirlas varias veces, puesto que bastaría con hacer contacto entre ellas, pero esta costumbre nos será tan útil para calibrar a nuestro interlocutor como la fortaleza y modo de estrecharlas.

- **Mano dominante:**
  Más que llegar hasta nosotros nos la muestran para seamos nosotros los que avancemos, así entraremos en su territorio. Una vez que hemos establecido el contacto cutáneo, estos

interlocutores apenas si la mueven y se limitan a estrecharla en el mismo sitio en que la mostraron, aunque con suficiente fuerza en sus dedos.

- **Mano que quiere tomar el control:**
La palma mira casi hacia el suelo y en esta ocasión la iniciativa de estrecharla parte de quien quiere ejercer el control. La presión es igualmente fuerte y no manifiestan intención de abandonar. Si queremos demostrar quién lleva los pantalones, esta debe ser nuestra manera de estrechar las manos. Si usted quiere invitar a la otra persona le debe mostrar la palma, pero cuando quiere ser el jefe debe guardarse ese as en la manga.

- **Nos ofrecen su colaboración:**
Si su interlocutor está contento de verle de nuevo o de invitarle a que participe en algún proyecto, le tenderá la mano con la palma hacia arriba, así mostrará la ausencia de malas intenciones. El apretón será ahora cariñoso, casi como si acariciase, pero con la debida energía, puesto que sus intenciones son sinceras. Frecuentemente le sujetarán su mano incluso con la otra, dejándola en medio y debidamente aprisionada, en un intento demostrado para que no se vaya y se deje querer.

- **Manos débiles:**
No vamos a negar que estrechar una mano que parece romperse es algo desagradable, pero no hay que precipitarse en considerar a esa persona como

miedosa o débil. Con frecuencia, las personas tímidas se comportan así por miedo, lo mismo que los niños y las jovencitas. También es habitual que las mujeres guapas, las que están acostumbradas a los piropos, tengan que inhibirse forzosamente en su fuerza  para que su interlocutor varón no confunda un apretón de manos enérgico con un deseo de ligar. Por último, las personas para las cuales las manos son lo esencial en su profesión, como pianistas, pintores o cirujanos, nunca gustan de apretarlas con fortaleza, lo mismo que tampoco lo hacen las personas ancianas.

- **Manos que huyen:**
  Tampoco aquí hay que precipitarse en nuestra valoración. No se debe confundir la mano esquiva a la mano débil. Una persona puede no tener ningún interés en saludarnos y al verse forzado a apretar la mano lo hace suavemente, pero para soltarla inmediatamente. También huirá de nosotros quien le duelan las manos por enfermedad o accidente y, obviamente, quien tenga prisa.
  Este tipo de apretón fugaz nos puede poner en alerta contra los mentirosos o los que esconden asuntos dudosos o peligrosos para nosotros. Una mano que suda, acompañada por una mirada intensa a nuestros ojos, es siempre síntoma de alerta, especialmente si al mismo tiempo adelanta un paso para entrar dentro de lo que podríamos considerar como perímetro de seguridad.

**Ojo:**

Mantenga siempre una distancia de al menos un metro con respecto a su interlocutor para disponer del suficiente espacio en caso de peligro. También le será útil tener su brazo totalmente estirado y rígido para evitar que su oponente se le acerque, siempre que desee evitar que entre en su perímetro de seguridad.

**Tenga en cuenta que:**

Si usted estrecha fugazmente la mano y no le permiten soltarla, con palabras o con un nuevo apretón, será el momento de poner nuestras alarmas a funcionar. Puede que nos encontremos solamente con una persona que nos quiere y no desea que nos marchemos tan pronto, o porque quiere demostrar quién manda allí.

- **Manos que marcan las distancias:**
Nadie que quiera buscar un acercamiento intenso o que se alegre ciertamente de verle le estrechará la mano manteniendo el brazo totalmente estirado. Esta postura es típica en mujeres experimentadas en sus relaciones con los hombres, quienes cuando se ven en la obligación de estrechar la mano lo hacen estirando ellas mismas el brazo lo más lejos posible. Su interlocutor no podrá acercarse lo suficiente y cualquier intento de intimar quedará, al menos, limitado.

**Empléelo con:**
Los vendedores de seguros, especialmente. Son tan pesados diciéndole a usted lo que necesita en la vida y tan trágicos mostrándoles el futuro que se hace necesario definir nuestra intención desde los primeros momentos. Ante una persona que estira los brazos tan sólidamente que parecen estar hechos de acero, no hay nadie que no se dé por enterado.

**Pero...**
En ocasiones este brazo estirado a tope pertenece a alguien que quiere cazarle antes de que se vaya. Su intención puede ser buena y responde habitualmente a quien tiene una buena noticia que comunicar. Una vez que le agarre su mano no la soltará con facilidad y será él quien llegará hasta usted. Si, por el contrario, tira de su mano para atraerle con firmeza, debe desconfiar de sus intenciones. Inicialmente quiere imponerle el diálogo, posiblemente transformado en un monólogo a los pocos segundos.

- **Manos que pesan:**
Le agarran su mano, se la agitan con firmeza, y cuando usted quiere terminar no se la sueltan. Le cuentan mil cosas, algunas aventuras y aunque usted empiece a estar cansado de mantener la conversación, especialmente porque siguen agarrados de la mano como dos enamorados, su interlocutor/a decide seguir platicando así.

**Valoración:**
Indudablemente nos encontramos con una persona que quiere dialogar con nosotros y no de manera agresiva. Por tanto, inicialmente, podemos confiar en él.

**No obstante...**
Si una vez que ha cogido a su presa, a usted, no le suelta y su agarre es sólido, puede ser el momento de reconsiderar su valoración como interlocutor poco agresivo. Posiblemente en este momento empiece a decirle cosas poco agradables o lo que quiere es, simplemente, ligar. Si quiere iniciar la retirada de una manera sutil tendrá que consultar el manual de defensa personal en donde encontrará soluciones para ello. Como inicio, deberá abrir su mano intensamente, estirando todos sus dedos al frente. Después, gire lentamente su mano hacia la derecha, como si fueran las agujas de un reloj y lleve su mano hacia usted. En ese momento, se habrá soltado.

- **Manos de la abuela:**
  Alguien le estrecha su mano, suavemente, y cuando usted quiere retirarla ya le han puesto la otra encima, con igual suavidad. Tenemos en ese momento delante de nosotros a alguien cariñoso a quien seguramente caemos bien, pero que desea hablar o, más bien, contarnos sus problemas.

**Unas diferencias esenciales:**

Si sus intenciones son buenas, cariñosas, pero algo pesadas, le atraerán hacia ellos mientras le dicen lo bueno que es. Prepárese a una larga conversación de la cual le será difícil salir si no encuentra una excusa decisiva.

**Ojo:**

No obstante, si ese apretón efusivo y poseedor de un rayo tractor le empieza a incomodar, especialmente cuando las dos manos de su interlocutor se han convertido en sólidas esposas que le aprisionan, es el momento de poner nuestros sistemas de alarma en funcionamiento.

Los políticos y los poderosos hombres de empresa suelen emplear este método para apretar las manos porque lo consideran muy efusivo y así le demuestran que tienen buenas intenciones y no les importa acercarse a las personas sencillas. No existe mayor peligro en ello y siempre podrá presumir después de lo mucho que le querían, pero también sabemos que la Mafia y algunos traidores en tiempos de guerra, empleaban igualmente este método para comunicarle vis a vis sus intenciones de matarle.

**Si es usted mujer:**

Sepa que este manoseo prolongado y gratuito puede ir seguido de una proposición "deshonesta" realizada al oído. Si no quiere dar origen a malos entendidos, entre usted y su amante improvisado, debe emplear una retirada adecuada y contundente, aunque se trate de una persona influyente.

- **Manos que atenazan:**
  Hay quien confunde el entusiasmo con el dolor y la cortesía con un cascanueces. Seguramente ya habrá sido objeto en más de una ocasión de un apretón de manos especialmente doloroso e incluso desequilibrador que le deja a usted en una posición de indefensión. Obviamente esos apretujones son efectuados por personas muy fuertes, pero también por quienes han ensayado la mejor manera de intimidar al prójimo.

**Un consejo:**
Tanto si el apretón, la trituración, de su mano es voluntaria o espontánea debe evitar que siga el dolor. Mi consejo es que no intente zafarse y, por el contrario, tense todos sus músculos para que no los pueda seguir apretando. No intente zafarse por la fuerza, puesto que su interlocutor está acostumbrado a imponer su voluntad. Lo que debe evitar es realizar negocios o pactos con personas así, a no ser que quiera contratarles de guardaespaldas o para que discuta los convenios colectivos con sus empleados.

- **Manos de gelatina:**
  Son viscosas, escurridizas, flojas y en ocasiones muy sudadas. Nadie se explica cómo no se han dado cuenta de ello, de lo desagradable que son,

pero abundan tanto como los carteros comerciales. No les rechace por ello, puesto que frecuentemente son personas que ya tienen suficientes problemas en sus relaciones sociales. Estas manos de gelatina suelen ser habituales en enfermos psíquicos y por eso su misión es ayudarles, no demostrarles lo fuertes que deben ser. Un simple pañuelo para limpiarse el sudor le será suficiente.

- **Manos a dúo:**
  Ya hemos explicado la técnica para conocer las intenciones de esas personas que nos agarran con sus dos manos, pero ahora vamos a diferenciar el carácter de nuestro interlocutor teniendo en cuenta lo que hace con su mano izquierda.
  Por ejemplo: pueden ponerla a lo largo de su cuerpo, soltar inmediatamente la maleta que llevaba en ella, apretar con amabas manos las nuestras (ya lo hemos analizado), sujetarnos el antebrazo, el brazo o ponerla sobre nuestro hombro. También hay quien aprovecha para acariciarnos la cara, atraer la barbilla para dar un beso, acariciar nuestro pelo o arreglarnos la corbata o camisa.

  a) **La otra mano en el antebrazo:**
  Nos comunica un interés especial por nosotros, pero sin que existan deseos de prolongar ahora la conversación. Por tanto, no es un momento clave para comunicar deseos ni para hacer preguntas. Si alguno de los dos

quiere hablar con más profundidad puede preguntar cuál es el momento más idóneo.

b) **La otra mano sobre el brazo:**
Se emplea con los amigos o las personas que ya conocemos anteriormente. Es un signo de simpatía y que invita a prolongar en ese momento la conversación. La proximidad entre ambos es intensa, lo mismo que la comunicación, y habitualmente se prescinde pronto del apretón de manos para conducir al otro al lugar adecuado para la conversación.

c) **La otra mano sobre el hombro:**
Aunque en principio parece una aptitud paternalista, de una persona superior en edad o experiencia, puede esconder en realidad una posición amenazante. Puesto que en estos casos quien pone la mano encima del hombro al otro se siente superior (habitualmente se emplea con los jóvenes), si no sueltan el apretón de manos indicará un deseo de dejar claro quién es el poderoso. Sin embargo, cuando el apretón cesa y solamente se conserva la mano sobre el hombro, los consejos están al llegar, lo mismo que la posible ayuda.

### Las manos como forma de expresión muda

Mientras que los gestos del rostro suelen ser producidos de manera involuntaria, simultáneamente con nuestras palabras o pensamientos, y gracias a ellos podemos conocer mejor las intenciones y sentimientos de nuestro interlocutor, mediante los movimientos de las manos expresamos aquellos pensamientos que no necesitan manifestarse con palabra alguna.

El arte de la mímica es la mejor y más universal forma de expresión conocida y una persona medianamente experta es capaz de comunicarnos todos sus sentimientos con ese lenguaje. Ahora ya no se trata de mentir o fingir, sino de hablar, de esperar o de escuchar, aunque no necesariamente necesitamos tener a alguien a nuestro lado. Tan curioso es el lenguaje de las manos que podemos estar totalmente solos y expresar con ellas todo lo que sentimos en ese momento, como si fuera un lenguaje dirigido a nosotros mismos.

Cuando alguien dice: "no sé qué hacer con las manos", lo que en realidad nos comunica es que no sabe qué decir o cómo comportarse, puesto que si estuviera solo no tendría ese problema sobre el uso que debería dar a sus manos. Curiosamente, en el momento en que empezamos a hablar ya no tenemos ese problema con la posición de las manos, las cuales se empiezan a mover involuntariamente para dar énfasis a nuestras palabras.

Por eso hay que estar muy atentos cuando estamos con alguien que gesticula al mismo tiempo que habla. Mi consejo es que se tengan más en cuenta los gestos, realizados casi de manera instintiva, que las mismas palabras. Ya sabe: "lo importante no es lo que se dice, sino lo que se hace".

- **Manos quietas:**
Podemos tener las manos entrelazadas, suspendidas frontalmente o a la espalda, tal y como vemos en los soldados. También las podemos entrelazar cuando estamos sentados o cuando apoyamos los codos en una mesa. Vamos a analizar lo que puede indicar cada forma de entrelazado, según la posición que ocupen.

a) **Manos entrelazadas colgando frontalmente:**
Es una actitud totalmente sumisa y que predispone a aceptar de buen grado las órdenes, las broncas y hasta los desprecios. Curiosamente suele ir acompañada por una cabeza cabizbaja, ligera palidez en el rostro e incluso sudores.

b) **Manos entrelazadas a la espalda:**
No es una casualidad que a los detenidos se les aten las manos a la espalda, puesto que así sus posibilidades de defensa son menores. Si alguien quiere demostrar una posición de no-agresividad, no por cobardía sino solamente como un gesto de buenas intenciones, esta será la posición elegida. No hay que confundir el entrelazado de los dedos con la posición del centinela, puesto que en este caso una mano sujeta la muñeca de la otra y la posición indica alerta y capacidad de lucha.

c) **Manos entrelazadas con los antebrazos apoyados en la mesa:**
Es una posición paciente en una persona que no desea entendimiento con nosotros y que

solamente tiene interés en que nos desahoguemos. Suele ser habitual en los sacerdotes cuando están delante de alguna oveja descarriada. No debe desconfiar de esas personas, aunque tendrá pocas posibilidades de convencerles. Sus manos con los dedos bien sujetos les dan paciencia y suficiente energía como para no cambiar de opinión.

d) **Manos entrelazadas con los codos apoyados en la mesa:**

A diferencia de la posición anterior, la persona ya es menos paciente, menos tolerante y solamente está haciendo acopio de educación para no demostrarnos que no habrá entendimiento. Su carácter es ligeramente autoritario y pronto nos dirá todo lo malo que opina sobre nosotros. A no ser que consigamos que baje las manos, no habrá posibilidades de llegar a un entendimiento.

- **Manos y dedos que cambian de postura:**

Ahora nos centramos en aquellas personas que permaneciendo sentadas gustan de mover sus manos de sitio, entrelazar los dedos, jugar con ellos y hasta juntarlos como si estuvieran suplicando. Sus manos suelen pasar de la mesa a ponerse en sus rodillas, coger un bolígrafo, tocar el tambor, poner la palma sobre un libro, acariciarlas una con otra, tocarse el pelo y hasta sonarse la nariz como si estuvieran resfriados. Como si tuvieran el baile de San Vito, no paran de moverlas de un sitio a otro y nos dejan con pocas posibilidades de averiguar gracias a ellas lo que está pensando. Pero no nos desmoralizaremos, porque precisamente con esa gran variedad de posiciones nos están demostrando muchas cosas.

a) **Manos que golpean la mesa con la palma abierta:**

Si no vemos agresividad en ello, y normalmente no suele existir, es señal inequívoca que está impaciente por dar finalizada la charla, no por aburrimiento sino porque tiene otro trabajo que le espera. Debemos terminar rápidamente la conversación y realizar una despedida sumamente breve.

b) **Manos que parecen implorar:**

Se trata de personas pacientes, en ocasiones comprensivas y que, obviamente, están tratando de convencerte de que estás equivocado. El problema es que suelen estar tan convencidos de que tienen la razón que te será difícil sacarles de su error. Pero si en este proceso notas que sus dedos índices se juntan por separado y que te apuntan, es el momento de meter baza y explicarle tu postura. Como veremos más adelante, la posición del dedo índice es altamente clarificante para averiguar lo que piensa una persona y con frecuencia nos indica pensamientos o reflexión.

**Ojo:**

Si esas manos implorantes se ponen entre las rodillas indica aceptación y significaría que casi, casi, le tenemos convencido. Sin embargo, si eleva las manos y reclina el tórax hacia atrás en la silla es que las cosas se complican y estamos alterando la paciencia de nuestro interlocutor.

c) **Manos que cogen y sueltan el bolígrafo:**
Lo más frecuente es que nuestro interlocutor se haya cansado también de mirarnos a los ojos y hasta de nuestros razonamientos. Su impaciencia por los resultados negativos de la conversación se pueden tornar más agresivos y es el momento de emplear argumentos diferentes.

d) **Manos que se apoyan en las rodillas con ligeros golpes:**
El cansancio es notorio, pero si se reclina hacia atrás es posible que pueda aguantar todavía bastante tiempo platicando. Nuestra conversación no le aburre y no tiene intención de levantarse, pero se impone una variante para romper la tensión y el cansancio. Un chiste, un cigarrillo o un refresco, suelen ser un buen sistema para que todo continúe después perfectamente.

e) **Manos que se estrujan entre sí, que chascan los dedos:**
Puede que ya no sintonice con nosotros y esté tratando de evadirse hacia sus propios pensamientos. Quizá está buscando una buena idea que no llega o su ego no le haga apreciar tus ideas. Debes tratar de no perder lo ganado y conservar tu prestigio.

**Ojo:**
Frecuentemente, suele indicar cierta agresividad contenida que puede explotar en forma de negativa hacia tus razonamientos o de forma más física. El consejo es que no te dejes intimidar.

**Las manos y la cabeza:**

Hurgamos más veces al día nuestra cabeza que cualquier otra parte del cuerpo. La nariz es uno de nuestros sitios preferidos y solemos dedicar largos minutos a buscar mocos secos, ocultos y con frecuencia inaccesibles, tanto cuando estamos sentados como cuando caminamos por la calle o esperamos pacientemente a que se abra el semáforo. Cuando tenemos delante a una persona, sin embargo, también tocarnos la nariz, pero ahora lo hacemos ya discretamente, fugazmente, y por supuesto sin ánimo de encontrar nada oculto.

Pellizcase los orificios de la nariz forma parte de nuestros gestos habituales cuando estamos hablando con una persona, lo mismo que limpiarse el sudor inexistente de la frente, tocarse el lóbulo de la oreja, alisarse el pelo de la nuca o apoyar nuestra mano en la barbilla mientras la efectuamos un discreto masaje. Parece ser, según algunos investigadores, que mentir obliga casi siempre a tocarnos simultáneamente alguna zona de la cara, aunque es muy frecuente que no pretendamos mentir, sino solamente no decir la verdad.

Vamos a analizar ahora a qué se deben estos actos reflejos:

**Taparse la boca:**

Se puede hacer con toda la mano, como los niños, o parcialmente empleando apenas la yema de uno o más dedos. Habitualmente lo hacemos para insistir en que eso que hemos dicho no debería haber salido nunca de nuestra boca, especialmente en situaciones jocosas. Nadie lo hará cuando deliberadamente haya dicho algo improcedente o una mentira. Por eso lo deberemos considerar como un modo de decir algo improcedente, algo que el interlocutor no desea escuchar, pero de un modo que moleste u ofenda poco.

Instintivamente solemos mantener la boca cerrada y la mano apoyada en ella, como un modo inconsciente de demostrarnos a nosotros mismos que no deseamos hablar. Es como si nos amordazáramos para evitar tomar parte en una conversación delicada.

También se suele emplear en personas educadas o de cierta cultura, como un gesto que demuestra al interlocutor que está dispuesto a escucharle hasta el final, que no pretende interrumpirle. Habitualmente la persona permanece con el dedo índice tapando los labios e inicia su conversación aún con el dedo puesto, casi como queriéndonos indicar que ahora es su turno y que somos nosotros los que debemos permanecer callados.

Por último, es empleado como un modo de hablar en voz baja, de poder expresar lo que decimos a hurtadillas, pero sin que nuestro oponente perciba lo que estamos diciendo. Sería como hacer un acopio de valor discreto; le decimos lo que pensamos pero nos tapamos la boca para que no consiga oírlo.

- **Apoyar el mentón en la mano:**
a) Manteniendo la otra mano escondida dentro de la axila opuesta.
b) Manteniendo la otra mano en las piernas.

No hay duda que es una posición opuesta al entusiasmo. O estamos aburriendo al oponente o presiente que la charla va a ser sumamente aburrida.

**Hay una excepción:**
En el supuesto de que la cabeza no se apoye fuertemente en la mano podría indicar que nos predisponemos a asistir a una charla de larga duración, posiblemente muy interesante y de la cual no queremos perder detalle. En estos casos, el tronco se inclina hacia delante, como deseando engullir totalmente la información.

**Otra variante:**
Cuando no es una mano sino las dos, las que sujetan la mandíbula, probablemente se debe a que también nos importa la parte visual y queremos acercar lo más posible nuestros ojos al interlocutor.

**Pero...**
No es lo mismo sujetar nuestra barbilla con ambos pulgares, mientras que los demás dedos permanecen

entrelazados cerrando discretamente la boca, que cuando, además de sujetar la barbilla, apoyamos las palmas en nuestras mejillas. En este último caso la paciencia es notoria, aunque ello no quiere decir que nos aburra lo que estamos escuchando. Y en el primero, posiblemente estemos reflexionando sobre lo que vemos u oímos.

- **Apoyar mentón en la mano manteniendo el dedo índice estirado:**
  Habitualmente esta posición la complementamos apoyando la otra mano en la pierna opuesta y obviamente no estamos aburridos, pero tampoco de acuerdo. Posiblemente estamos elaborando nuestra respuesta contradictoria, especialmente si con la otra mano nos dedicamos a tocar el tambor encima del muslo. La conclusión en este caso es que estamos esperando impacientes para expresar nuestra opinión, puesto que no nos gusta lo que oímos.

- **Pellizcar suavemente los orificios de la nariz:**
  Tenemos ahora a una persona ligeramente agresiva a quien no le gusta lo que oye y que si le damos la oportunidad posiblemente nos diga algo que nos incomode. En estos casos es mejor no dejarle hablar, si ello es posible, puesto que, digamos lo que digamos, no estará de acuerdo con nosotros.

**Una variante:**
Si lo que en realidad hace es hurgarse la nariz en busca de tesoros ocultos, casi con seguridad se trata de una persona que ha renunciado ya a hablar y que prefiere entretenerse en algo sin que los demás perciban su falta de interés.

- **Apoyar el carrillo en la palma de la mano:**
  En esta posición es casi imposible mantener la cabeza vertical, por lo que el sueño aparecerá dentro de unos momentos. También es posible que se deba al abatimiento ante la imposibilidad de hacer razonar al interlocutor o a una manifestación de paciencia similar a la de Job.

- **Acariciarse la boca:**
  Hay que distinguir entre hacerlo con la boca cerrada o semiabierta. En el primer caso indicará que en algún momento se ha perdido interés por lo que escuchamos, posiblemente porque no se está de acuerdo en nada. Si la mirada está perdida en algún lugar del infinito, posiblemente el manoseo continúe posteriormente por la nariz hasta que se desaparezca mentalmente del lugar.
  En el segundo, las cosas han cambiado bastante y querrá decir que se pasa al ataque. En esos momentos se está elaborando la respuesta, con frecuencia con alguna dosis de agresividad y nada de lo que diga nuestro interlocutor logrará hacernos cambiar de opinión.

- **Tocarse el lóbulo de la oreja:**
  Ahora el individuo está escuchando, pero poco atento. Hay cierta afinidad con el interlocutor, no hay grandes desacuerdos, y solamente está esperando una oportunidad para decir que sí. Posiblemente nos dé su aprobación digamos lo que digamos, así que habrá que aprovechar para pedir lo imposible.

**Una variante:**
En el supuesto que después del lóbulo pase a rascarse el cuello, solamente unos pocos milímetros más abajo, indicará que aunque está de acuerdo se quiere introducir un concepto de ayuda, nunca una opinión contradictoria.

- **Acariciarse la nuca:**
  Normalmente no hay agresividad en este gesto, lo que ya es una suerte. Lo que sí hay es cansancio físico y pocas ganas de seguir discutiendo, por lo que, o se dice y hace algo con urgencia, o nuestro cansado interlocutor puede pasar a convertirse en oposición. De momento lo tenemos a nuestro lado, pero si no finalizamos cuanto antes empezarán a surgir las discrepancias solamente por quitarse el cansancio.

**Colocarse el pelo con la mano:**
Se trata de un gesto de coquetería que casi nunca pasa desapercibido. El Kama Sutra, ese manual hindú sobre sexualidad, nos dice que cuando lo hace una mujer es porque le gusta su interlocutor y desea estar aún más

guapa, si ello es posible. No quiere decir que desee iniciar un romance y ni siquiera que su amor sea platónico; solamente quiere que la vean guapa.

**Unas diferencias:**
Si la mujer se coloca una horquilla o se atusa el flequillo no hay nada romántico en ello, sino solamente que busca estar más cómoda. Por el contrario, cuando intenta dar volumen a su peinado y especialmente si se suelta el pelo, la cosa está clara.

Los hombres no suelen tocarse el pelo delante de las mujeres y prefieren centrarse en la corbata o el cuello de la camisa, aunque la intención es la misma. Si solamente se ajustan el flequillo o se lo peinan con la mano, indicará un deseo de no parecer desaliñado, quizá delante de su jefe.

* **Otros gestos:**

**Frotarse los ojos:**
Obviamente, hay ya un gran cansancio físico, aunque es posible que se desee continuar a pesar de ello. Por la mañana nos frotamos los ojos para aumentar rápidamente su riego sanguíneo y en este caso lo que se pretende es estar más activos.

**Rascarse el cuello detrás de la camisa:**
Se ha respondido ya a demasiadas preguntas.

**Rascarse la mejilla:**
Te empieza a caer mal el interlocutor pero no tienes ganas de contradecirle.

**Hurgarse los dientes con las uñas:**
Tiene intención de hablar pero quiere que su opinión sea adecuada, aunque posiblemente sea sencilla y en ningún caso especial. Aportará algún detalle, pero no tratará de cambiar nada sustancialmente.

# EL LENGUAJE DE LAS PIERNAS

Indudablemente, mirar a las piernas de las personas para averiguar sus pensamientos ni es tan fácil como con las manos, ni se encuentran tan a la vista en la mayoría de las ocasiones. Tampoco son tan expresivas como las manos o los gestos de la cara, ni reflejan tantas facetas de nuestro carácter, pero en cualquier caso su observación nos aportarán más datos para evaluar a nuestro prójimo.

Como avance a este estudio es importante que sepamos que las mayores diferencias las marcan el sexo y la edad, más aún que las circunstancias, siendo las mujeres las que más uso hacen de las piernas para expresar emociones y sentimientos. Para muchos son un arma de seducción, para otros una de las partes del cuerpo más importantes para demostrar nuestra elegancia andando, mientras que la mayoría no las considerarían, como nosotros, una expresión de nuestra personalidad.

## *Sentados:*

Si bien es más fácil observar a la gente cuando camina o cuando está sentada esperando, indudablemente también tenemos distintas oportunidades para averiguar peculiaridades de su carácter cuando caminan que cuando están sentados. Es más, yo añadiría que cuando estamos sentados la posición de nuestras manos, según cómo tengamos las piernas, constituyen entonces un modo de observación estupendo y bastante preciso.

### Primera diferencia:

Debemos observar a las personas cuando están sentados y creen que nadie las mira y, aún mejor, que nadie las puede mirar. La posición de sentados es una de las más relajantes y en la cual la gente suele abandonarse bastante, cuidando muy poco su educación y salud, salvo que esté en un lugar concurrido o con alguien que le interese.

### Segunda diferencia:

Mucha gente se muestra tremendamente educada cuando está delante de compañeros de trabajo y aún más cuando se encuentra en una reunión importante o una fiesta. Sin embargo, esa misma persona puede sentarse de la manera más desaliñada cuando está con su propia familia. En este caso tenemos, sin lugar a dudas, mejores posibilidades para evaluar su personalidad puesto que hemos escogido un lugar en el cual las personas se pueden relajar más, evitando dejarnos influir por una educación sofisticada que solamente se muestra en ocasiones concretas.

### Tercera diferencia:

No es lo mismo estar detrás de una mesa realizando una entrevista de trabajo que ser el que demanda ese trabajo. Tampoco es lo mismo ser el juez que el acusado, el alumno que el profesor. Ambos extremos son estupendos para averiguar facetas importantes de la personalidad, puesto que solamente en circunstancias intensas es cuando en verdad se conocen a las personas.

*Posición de las piernas:*

- **Piernas cruzadas:**

  Es probable que cruzar las piernas sea un reflejo natural para preservar nuestros genitales de posibles agresiones, pero cualquiera que haya permanecido alguna vez sentado más de media hora seguida (prácticamente, todos nosotros), sabrá que cruzar las piernas es también una manera de relajarnos. Para las mujeres, además, cruzar las piernas es síntoma de coquetería, de adoptar una postura elegante, o de proporcionar descanso a sus martirizados pies, mientras que para el varón lo de la coquetería no está tan claro.

  No hay una regla fija sobre qué pierna hay que poner encima de la otra y dependerá del tiempo que llevemos sentados, de la anatomía de nuestras caderas y hasta de la posición en que quede el pie suspendido con respecto al oponente.

  En principio, una persona que está relajada y muy cómoda no suele cruzar las piernas y prefiere permanecer con las rodillas algo más abiertas que los pies y con frecuencia estiradas al frente. Curiosamente, en el hogar casi nadie cruza las piernas al estar sentados y casi todos escogen otras formas mucho más cómodas, lo que demuestra que cruzar las piernas es una postura social, una norma de educación.

- **Piernas cruzadas y brazos cruzados:**

  Postura habitual cuando la conversación va para largo y la persona que escucha se predispone de buen grado a ello. Con la espalda ligeramente reclinada en el asiento existe una predisposición a escuchar al interlocutor, sin que exista un deseo expreso de tomar parte en la conversación. Es una actitud pacífica, en ningún modo de sumisión, y a partir de la cual casi nadie comenzaría a preguntar.

**Pero...**

Si sus brazos están sólidamente anclados y las manos estrujando, más que apoyándose, en los antebrazos, la agresividad puede brotar en cualquier momento, aunque nos encontremos con una persona en principio educada. Si esta postura se une a una mandíbula fuertemente apretada, en el momento en que suelte sus manos comenzará a estallar.

**Y también...**

Si esta postura se mantiene en el hogar es mal presagio, puesto que posiblemente indique malhumor. Recuerden la postura de una joven al ser reprendida por sus padres mientras ambos están sentados, y verán que la chica suele adoptar esa posición mientras la están hablando. No solamente no está de acuerdo con la bronca, sino que está sumamente malhumorada y deseando contestar con brusquedad.

- **Piernas cruzadas y manos apoyadas en una rodilla:**

  Es una postura sumamente tranquila, nada agresiva, y que predispone tanto al diálogo como a la escucha. La persona quiere agradar a su interlocutor, tiene suficiente tiempo disponible y aunque no descubrirá su corazón, tampoco será falsa en sus opiniones.

**Una diferencia:**

Cuando las manos en lugar de descansar en una rodilla lo hacen entrelazadas y apretando la rodilla, la postura indica un deseo de tomar parte en la conversación de manera muy activa. No hay actitud sumisa, pero sigue siendo educada y complaciente. Como la tensión de los brazos estirados llega a cansar, la persona hablará cuanto antes y en ese momento probablemente suelte la presa de sus rodillas, liberando así sus pensamientos.

- **Piernas cruzadas, manos apoyadas una sobre la otra encima de la rodilla:**

  Similar a la circunstancia anterior pero ahora la persona tiene interés en participar en el diálogo y aunque su actitud sigue siendo tranquila realizará comentarios con facilidad.

- **Una pierna se apoya horizontalmente en la rodilla contraria:**

Es una posición copiada de los anglosajones y cuya difusión mundial es total. Ciertamente es una posición incómoda y esa misma incomodidad es lo que genera la controversia. Para poder mantenerla con cierta soltura hay que agarrase el tobillo con una o dos manos, lo que aumenta la tensión muscular, la cual, a su vez, genera un estado anímico predispuesto a la polémica.

Existe alguna variante según la posición de las manos:

### a) Manos en la nuca:

No es una mala postura para llegar a acuerdos puesto que es habitual en personas acostumbradas a largas charlas de negocios y que saben ceder para luego pedir. Suelen ser orgullosas y algo engreídas, pero si les alabamos un poco les tendremos de nuestra parte.

Si somos nosotros quienes adoptamos esta postura y nuestro interlocutor es alguien poderoso, lo interpretará muy mal al considerar que tratamos de demostrar que somos más listos que él. Ya sabes el refrán: "si no puedes con tu enemigo alíate con él". Con las personas poderosas y acostumbradas a mandar no se pelea; sencillamente, se exponen nuestros argumentos y se les demuestran lo válidos y productivos que son. El halago a su empresa o forma de trabajar siempre proporciona mejores acuerdos que la crítica, aunque nunca debe ser tan manifiesto que parezca simplemente un aplauso. Recuerde que las personas que han triunfado están acostumbradas a que los demás, y los hechos, les reconozcan que valen, así que nunca ponga sus manos en la nuca cuando hable con ellos ni les diga varias veces lo inteligentes que son. Eso ya lo saben.

- **Con la espalda apoyada en el respaldo:**

Es una posición para la discusión, pero en este caso se trata de buscar la mejor solución a un asunto, pero no existe el deseo de polemizar con el oponente. Es favorable para reuniones en las cuales sea necesario buscar acuerdos que favorezcan a ambas partes.

- **Con la espalda reclinada hacia delante:**

Ahora ya no hay dudas y la controversia es inminente. Quien adopta esta posición está incómodo y por eso querrá explicar su razonamiento cuanto antes y esa misma dificultad para mantener la postura le hace ser poco transigente. Si conseguimos que se relaje, por ejemplo, dándole a leer algo que le obligue a soltar las manos de su tobillo y a reclinarse hacia atrás, podremos lograr más en un momento que con media hora de conversación.

- **Cruce de tobillos:**

Pudiera ser una posición para no mostrar nuestro verdadero interior, nuestros demonios. La persona no quiere contar la verdad porque seguramente le perjudica y considera a su interlocutor casi como un enemigo. No empleará palabras malsonantes y ni siquiera largos discursos, puesto que su actitud es hablar poco y mentir mucho.
Pero hay algunas diferencias:

**Cruce de tobillos con piernas estiradas:**
Se encuentra dispuesto a discutir largamente para mantener su integridad y para que nadie pueda llegar a saber la verdad. En la medida en que se recline más en el respaldo así será su capacidad de lucha, por eso, una buena medida para anular su férrea resistencia es hacerle sentar en un taburete, sin respaldo.

**Cruce de tobillos con piernas recogidas:**
Es una postura algo más conciliadora que la anterior y aunque está dispuesto a mentir puede hacer concesiones si su oponente le tiende la mano. Si está sentado sobre una silla oscilante o que le permita cierto giro o movimientos al cuerpo estará más relajado, pero en lugar de escuchar atentamente elaborará con más cuidado sus respuestas.

**Según la posición de las manos:**
La posibilidad de entendimiento y de que diga la verdad serán más limitadas en la medida en que sus manos permanezcan igualmente aferradas entre sí. Los brazos cruzados y la cabeza cabizbaja son el peor presagio, y si escoge sujetar el apoyabrazos como si lo estrangulase, las posibilidades de agresión aumentan. Unas manos apoyadas suavemente en los muslos indican una actitud algo más complaciente, pero siempre y cuando le digamos que le comprendemos y que no somos sus enemigos. Aún así, siempre que las piernas permanezcan cruzadas debemos considerarlo como una postura negativista y con facilidad para mentir o, al menos, ocultar parte de la verdad.

**Pero...**

Cuando las manos se apoyan  poniendo los codos hacia fuera y el tronco inclinado hacia delante, la conversación está a punto de terminar o al menos debe intentar finalizarse rápidamente. Si queremos aportar un nuevo dato o cerrar un contrato posiblemente ya no tengamos tiempo. Si conseguimos que repliegue sus codos y estire las manos hasta tocarse las rodillas, mientras que apoya la espalda sólidamente en el respaldo, podremos intentar un nuevo cambio, puesto que ahora tiene una predisposición más positiva. De todas maneras, no disponemos de mucho tiempo.

- **Piernas relajadas:**
  Hay dos maneras básicas de evaluar esta posición: con la espalda inclinada y apoyada fuertemente en

el respaldo, o ligeramente hacia delante. Ya saben que una manera de socavar la resistencia de nuestro interlocutor es quitarle el respaldo de su asiento y eso lo suelen emplear en las comisarías, juicios y acuerdos sindicales. La posición termina siendo tan incómoda que la persona que está sentada así desea terminar cuanto antes la conversación, aunque sea haciendo concesiones.

**Con la espalda inclinada hacia atrás:**

En este caso supongamos que existe respaldo y que la persona ha decidido emplearlo. Mantiene su espalda bien apoyada, está cómodo y para relajarse aún más estira ligeramente sus piernas, pero apoyando la planta de los pies en el suelo. Está tan cómodo que es capaz de dialogar de cualquier tema sin ofuscarse y, además, durante largo tiempo. Para que no cambie de opinión debemos ser amables, simpáticos y pedirle que nos diga su opinión y deseos. Podríamos considerarle el interlocutor ideal.

**Pero...**

Si se apoya demasiado en sus manos y pone un pie más atrasado que otro, como un corredor a punto de efectuar su salida, es que ya no considera importante seguir hablando porque está todo dicho. Seguramente ya habremos llegado a un acuerdo benéfico con él y solamente quedará hablar de otro tema. No insista, por tanto, con nuevas matizaciones y dé por concluida la charla porque con seguridad habrá sido buena.

**Una advertencia:**

En el supuesto de que no se hayan cerrado todos los acuerdos, una vez en pie es el momento de seguir hablando de los detalles e incluso de quedar para otro día. Este tipo de personas aceptan seguir hablando aún más cuando están en pie, e incluso es habitual que sigan matizando acuerdos cuando están ya en el rellano de la escalera, con el ascensor esperando. No se preocupe y siga exponiendo sus deseos porque su predisposición es muy buena.

**Con la espalda adelantada:**
Su interés ha sido intenso, lo mismo que su voluntad para llegar a un acuerdo, pero ya no es momento de seguir hablando. Posiblemente tenga hambre u otras ocupaciones, así que si quiere añadir algo más déjele levantarse y continúe matizando acuerdos según se ha indicado en el párrafo anterior.

- **Posturas increíbles:**

  Con las posturas siguientes puede ocurrir de todo. No hay una regla definida para poder juzgar a quienes las ejercen y depende de quién sea el dueño del lugar, del sexo, de la edad y de nuestras intenciones reales.

### Sentarse encima de la mesa:

Ahora se ha prescindido de la silla como lugar más idóneo para sentarse y salvo que no exista otro utensilio mejor hay quien prefiere emplear la mesa, cada uno por motivos diversos, por ejemplo:

- **a)** Un empleado o subordinado nunca se sentará así a no ser que quiera provocar una reacción en su dueño. Este es un caso habitual en mujeres que quieren decir con este gesto al dueño de la mesa que entre ellos puede existir una relación íntima. En el caso contrario, cuando el hombre se sienta en la mesa de la mujer, la reacción suele ser contraproducente y ella lo interpretará como falta de respeto.
- **b)** Si se trata de un empleado no siempre hay que considerarlo como una provocación, pues hay gente de confianza que está habituada a actos similares. Solamente en el supuesto de que se trate de alguien que va a pedir algo, deberemos pensar que está diciendo hasta dónde está dispuesto a llegar si no hay acuerdo.
- **c)** Si existe buena intención, como es el caso de miembros de la misma familia, o cuando son varios socios en una empresa, lo único que se demuestra con ello es que no consideran a esa mesa propiedad de nadie en concreto. No obstante, incluso entre miembros de la misma familia el uso de las mesas como sillas indicaría, cuando menos, cierta falta de respeto.

- **d)** Si la mesa forma parte de un lugar público, como en una convención municipal o un museo, por ejemplo, se vislumbra cierto desprecio por los bienes de la comunidad, por sus dirigentes y por sus cuidadores. Con esta postura tratan de demostrar sin reparos que "aquello" es de todos y por tanto puede ser destrozado lo mismo que cuidado.

**Por tanto...**

En general y sin dramatizar demasiado, podemos considerar al uso como asiento de las mesas ajenas como una forma indirecta de intimidación o al menos de desprecio. No es que se trate de demostrar afán de posesión, puesto que la mesa en sí no es un bien codiciado, sino que se quiere dejar bien claro que allí no hay jefes, al menos hasta ese momento.

También es frecuente ver esta postura en personas que ejercen el mando o que tienen el suficiente poder como para intimidar a los demás. Si quieren saber lo que es una demostración de quién manda allí, vean a esos jefes que se ponen sentados o semisentados en una esquina de su mesa, mientras que el empleado ocupa una silla. La superior altura del jefe logra intimidar al empleado, o al menos eso es lo que se pretende. Incluso aunque se trate de aparentar camaradería, por aquello de abandonar el sillón del jefe y llegar hasta el subordinado, lo cierto es que cuando alguien quiere demostrar igualdad se baja a su mismo nivel. Si el jefe quiere demostrar que allí no hay jerarquías se  bajará hasta situar su cabeza al mismo nivel del otro.

Recuerden esa vieja norma en los países orientales, mediante la cual nadie podía tener la cabeza más alta que el Emperador en su presencia. Esa costumbre sigue vigente en occidente, aunque queramos adornarla de mil maneras. Los jueces están siempre en un estrado que les sitúa unos centímetros más altos que los acusados, los homenajeados reciben sus galardones en un escenario, los profesores están en pie siempre más altos que los alumnos y los padres suelen reprender a sus hijos estando ellos en pie y los retoños sentados.

## Ojo...

Por mucha confianza que haya, una persona que suela poner sus pies encima de las mesas o de los asientos demostrará, cuando menos, que su educación necesita un urgente reciclaje. Este razonamiento es válido entre esposos y  familias, puesto que la educación verdadera se demuestra con la familia y posteriormente con los amigos. Ser educado, cortés y refinado con los poderosos o en reuniones de negocios o fiestas sociales es muy fácil, lo mismo que poner buena cara y ser simpático. Nuestro consejo es que desconfíe de quienes no ejercen esas buenas maneras con su propia familia.

**Poner los pies encima de la mesa:**

Es el sueño de la mayoría de las personas que quieren liberarse un día, para siempre o momentáneamente, de ataduras y convencionalismos. Supone la máxima expresión de libertad y no hay quien no haya ejercido esa liberación en algún momento de su vida.

Cuando el jefe se marcha durante unos días, los padres dejan el hogar para irse de fin de semana, o un marido amargado recupera por fin la tranquilidad después del divorcio, lo primero que se hace es una muestra de relajación emocional poniendo los pies encima de una mesa, mientras llevamos las manos detrás de la nuca. Es el placer supremo, dicen, aunque después les toque ordenarlo todo de nuevo y volver a sacar el lustre a la madera.

**Pero...**

No es lo mismo cuando uno acaba de verse libre de una atadura que se hacía molesta que hacerlo habitualmente en su lugar de trabajo o el hogar. Mientras que en el primer caso es una actitud pasajera y que solamente se efectúa como una forma de expansión, si se hace habitualmente podría indicar un deseo de confrontación con los demás. Es habitual que seamos invitados a casa de alguien quien gusta de poner los pies en su propia mesa, incluso cuando están todos reunidos a su alrededor. Puede parecer como muy campechano o incluso muy liberal en cuanto a normas sociales, pero en esencia está tratando de mostrar quién es el dueño de la casa. En el fondo subyace cierta animadversión a esos invitados a quienes se pretende demostrar que allí, en su territorio, hacen lo que les da la gana, y nada mejor que poner los pies encima de la mesa, una costumbre que normalmente se considera reprobable.

# CAPÍTULO NUEVE

## Relaciones sexuales

## EL CORTEJO ENTRE HOMBRES Y MUJERES

Según el Kamasutra, hay dos clases diferentes de hombres y mujeres: quienes que son dignos de alabanza y quienes merecen algún reproche. Lo que no resulta tan claro es saber cuáles son las cualidades, y calidades, que ambos desean ver en su pareja, aunque si tomamos al libro hindú como referencia, ellas dicen algo así: "si un hombre no es rico y fuerte no obtendrá nada de las mujeres". Bueno, esto excluye ya a una gran cantidad de nosotros, así que o nos ponemos a hacer pesas y a jugar a la Primitiva o no tenemos nada que hacer con las damas.

Luego hablan de medidas, que pueden ser muy discretas o desproporcionadas, según quién las juzgue, de perfumes y, por supuesto, de técnicas amatorias. Referente a las medidas anatómicas poco o nada se habla de las medidas de las mujeres y mucho de las de los hombres, lo que nos parece una discriminación total. Lo que sí parece interesante es hablar sobre las técnicas habituales para ligar, especialmente porque hay quien no se entera nunca, ni siquiera cuando le ponen unas bragas en el buzón.

**Algunas señales de interés para ambos sexos:**

**La distancia en la conversación**

Nadie se aleja de quien gusta y esa será la primera señal que deberemos evaluar sobre nuestro oponente. Habitualmente el hombre no suele poner reparos para aproximarse a una mujer, incluso aunque no le guste físicamente, puesto que se encuentra cómodo manteniendo una posición muy cercana, especialmente si la estatura suya es superior.
Una vez realizadas las presentaciones y suponiendo que tengamos en la mano una jarra de cerveza o similar, lo que ayuda mucho para no estar nervioso es escoger la distancia más adecuada para hablar. Si la otra persona nos interesa podemos efectuar una discreta aproximación, acortando ese medio metro que las normas de educación consideran como básico. Si la distancia se mantiene y nuestro interlocutor no se aleja de nuevo, es buena señal. De todas maneras esta regla es difícil de precisar puesto que la distancia de careo es distinta en cada país y para unos el medio metro es lo más adecuado, mientras que para otros equivale casi a darse un beso. Observe siempre, insisto, la distancia que escoge su interlocutor y trate de mantenerla.

**No obstante:**

No se confíe, porque hay personas que se encuentran a disgusto en las distancias cortas y se alejarán para no sentirse intimidadas. Si uno de los dos cruza los brazos y sube su vaso ligeramente hasta casi la altura de la barbilla, será señal de que quiere salvaguardar su territorio. No insista, pues.

Y si quiere guardar una distancia cómoda y le resulta difícil porque su pareja escoge otra, comience a caminar discretamente y evite seguir hablando frontalmente.

**Pero:**

Si el retroceso de la mujer es hacia una pared, o una mesa, de tal manera que se encuentre acorralada, es muy posible que le esté demostrando que quiere seguir con el juego y ese fingido acosamiento forme parte de su modo de seducir. Pronto aprenderá, aunque es posible que ya sea un experto, que en el juego del amor no hay normas fijas, aunque algunas cosas son comunes a todos los humanos.

Otro asunto es cuando es el varón el que se encuentra acorralado, con la espalda pegada en la pared mientras la mujer avanza seductora. En estos casos el acercamiento suele ser muy intenso y habitualmente ninguno de los dos echa a correr.

**Ojo:**

Si durante este acosamiento uno de los dos mira furtivamente a otro lado, será señal de retroceder parcialmente, puesto que es posible que en realidad esté buscando una ayuda inmediata. También es posible que esté averiguando dónde está su pareja, para saber las oportunidades que tiene de ligar impunemente.

Y siguiendo con el Kamasutra, en otro capítulo dicen que una mujer que quiera gustar a los hombres debe tener una cintura perfecta, ligeramente pasada de kilos y estar sana. Su pelo será negro, su frente ancha, tendrá las cejas oscuras, ojos negros y grandes, así como el cutis limpio. La mejilla con un óvalo perfecto, tendrá una nariz elegante y una boca sensual con labios rojos y grandes. Después nos dicen que su respiración será intensa pero poco ruidosa, su garganta larga, su busto grande, lleno y turgente, y su ombligo bien desarrollado y suave. A continuación nos llevan a la vulva, carnosa, por supuesto, y a los pelos del pubis que recomiendan que sean negros y tupidos, para pasar a las nalgas que deben despedir calor y ningún olor (lógico), continuando con los largos muslos, las caderas grandes y una cintura de forma fina, además de manos y pies de elegancia llamativa.

Por supuesto, aunque con algo menos de intensidad, también nos hablan del hombre perfecto, aunque en este caso insisten que sin dinero y valor poco tenemos que hacer ante una mujer. En un discreto capítulo nos mencionan las medidas viriles, entre seis y doce dedos, de las apretadas nalgas, de los hombros en donde refugiarse y de la capacidad para repetir el abrazo íntimo si ella necesita un poco más.

El Kamasutra proporciona muchas recomendaciones sobre cómo ligar, pero especialmente insiste en que debemos ser capaces de averiguar cuándo nuestro oponente está dispuesto para que intentemos el acercamiento. Respecto a las mujeres dicen que una mujer que ríe fuerte en una reunión de hombres o que camina en busca de un vaso de licor moviendo las caderas, es señal inequívoca que busca ligar, lo mismo que cuando se arregla el pelo mientras habla con un hombre o se muerde el labio inferior varias veces. Bueno, estas son señales que todos sabemos, lo mismo que las mujeres saben identificar cuándo un varón tiene sed de amor. Si su mirada baja y sube por el cuerpo de las mujeres, si mantiene sus mandíbulas sueltas mientras una discreta baba se le cae, o si se arregla por tercera vez la corbata, no hay duda que necesita con urgencia una mujer que le calme sus ardores.

Y siempre según el criterio del Kamasutra, dicen que una mujer despreciable es aquella que está constantemente criticando a la gente, aficionada al juego con dinero, bromeando sobre los defectos de los varones, gritando más que un caballo, entrometiéndose con materias que no son de su incumbencia y quejándose continuamente a su marido o pareja.

También nos aconsejan que para agradar a un hombre las mujeres escogen casi siempre una buena comida, una moderada bebida, y un vestido que enseñe poco e insinúe mucho. De todas maneras, aconsejan que entre la comida y al amor hayan pasado al menos dos horas, y que es recomendable reír juntos un rato.

**Conozca el secreto de los ligones:**

Ya sabemos cómo adivinar cuándo alguien tiene ganas de ligue y hasta es posible que sea fácil saber cuándo nuestro intento de acercamiento está teniendo éxito. No obstante, lo que todavía nadie sabe con exactitud es dónde radica el secreto para que unas personas tengan tanto éxito con el sexo opuesto y las otras no se coman un rosco. El asunto estriba en encontrar aquella faceta que hace más atractiva a una persona que a otra, lo cual muchas veces no tiene una relación directa con su estética. Mientras que el dinero de un hombre o su poder suele romper con facilidad el corazón de muchas mujeres hasta el punto de encontrar irresistible incluso a alguien que pasaría desapercibido si fuera pobre, una mujer que lleve en una fiesta un traje sexy, ceñido e insinuante, es capaz de hacer volver la cabeza y suspirar de pasión a todos los varones, lo que probablemente no conseguiría con su indumentaria de trabajo habitual. Cada cual se arrima al ascua que más le interesa.

Lo que es indudable es que no solamente la apariencia física es lo que hace atractiva a una persona, sino también su entorno, su ropa, su voz y por supuesto su prestigio. En un país como Ruanda la gordura puede ser muy atractiva si la mayoría de la población es delgada como consecuencia de la mala alimentación, del mismo modo que, a la inversa, en los países desarrollados la delgadez a ultranza es algo muy anhelado y por lo que luchan la mayoría de la población, invirtiendo sumas importantes de dinero para mantenerse dentro de los cánones estéticos que predominan. Por ello, en los países ricos la gordura no está relacionada con bienestar económico sino con pobreza, ya que se supone que si tienes dinero puedes acudir a clínicas de belleza, gimnasios y mil soluciones para mantenerte en buena forma.

Actualmente hay dos factores que se consideran imprescindibles para tener éxito en el ligue: uno es la simetría entre ambas partes del cuerpo y otro es la proporción en el desarrollo. Por ejemplo: ambos ojos deben estar situados al mismo nivel, el iris totalmente centrado y las cejas describiendo una ligera línea ascendente. Los ojos "achinados" gustan a casi todos y las mujeres los imitan con su maquillaje, pero en el hombre se insiste en la mirada profunda. Para las mujeres, las medidas 90-60-90 siguen siendo el patrón a valorar, mientras que al varón se le exige mayor anchura de hombros que de caderas, y hasta ahí todos de acuerdo.

Las orejas no deben ser grandes, es mejor pequeñas, ni con apariencia de elefante o "soplillo", mientras que la nariz admite variaciones según el sexo. En las mujeres mejor pequeña y ligeramente respingona, pero en el varón la nariz griega sigue siendo la preferida, con su pequeña curva en el puente.

La frente despejada y con unas pequeñas entradas en el varón y algo más pequeña y cubierta parcialmente por el cabello en las mujeres. En cuanto a los labios, las cosas no están tan definidas, ya que hay quien prefiere una boquita de "piñón" en una mujer, mientras que otros se chiflan por una boca grande y sensual como la de las mujeres italianas. Y en los hombres hay de todo, ya que unos labios carnosos y abultados como los que predominan en la raza negra son los preferidos, pero tampoco se quedan atrás unos más sencillos como los del actor Keanu Reeves.

El cuello largo y delgado en la mujer y ancho y más corto en el varón, mientras que en la espalda no hay contrastes : todo el mundo debe tenerla recta, nunca arqueada, y andar en perfecta perpendicular con el suelo.

En cuanto a la piel y el vello también existen fuertes controversias y gustos. Hay quien prefiere una piel libre de pelo en el varón obligándole a depilarse de igual manera que lo hacen las mujeres, mientras que para otras la imagen de Sean Connery en las películas de James Bond 007 es el súmmum del atractivo. En este aspecto hay cierta tendencia a la depilación del varón mientras que, por contraste, hay ya muchas mujeres que reclaman su derecho a no depilarse y exhibir sus axilas pobladas de abundante vello. Que cada cual elija el bosque según sus preferencias, incluido el del pubis.

## ¿Y el sexo?

Nos guste o no a los menos agraciados, lo cierto es que las personas guapas ligan más o al menos con más rapidez que las feas. En la medida en que una persona es guapa la facilidad para mantener relaciones sexuales aumenta en una proporción geométrica y eso es extensible a todas las edades y razas. Aunque posteriormente, en la cama, las diferencias entre feos y guapos se acorte significativamente y la hermosura ya no nos garantice el éxtasis, el terreno está ya tan abonado que con cualquier cosa que nos hagan nos conformamos.

Incluso si apagamos la luz y solamente palpamos el cuerpo desnudo, la armonía de las formas de nuestra pareja, la piel tersa y suave, la musculatura perfectamente definida y hasta esa voz cálida y susurrante, nos pueden predisponer ya al delirio, salvo que el resto sea un auténtico desastre. En ese momento la belleza ya no interviene y es necesario dominar el terreno que pisamos si queremos salir airosos. Y es que, por desgracia, los atributos sexuales son la única parte de nuestro cuerpo que no necesariamente se corresponden con el resto y hasta es posible que una persona poco agraciada, en ese momento decisivo se comporte como el mejor amante del mundo.

## El atractivo de los feos

Después de mucho indagar y de realizar numerosas preguntas entre la población, se llegó a la conclusión que el concepto de belleza no solamente estaba ligado a la armonía de las formas, sino también a ese concepto tan manoseado que se llama personalidad. En la medida en que alguien posee un físico que se diferencia de la mayoría, aunque no sea proporcionado, se le empieza a considerar guapo. Vean algunos ejemplos:

La actriz Audrey Hepburn, lo mismo que la modelo Twiggy, rompieron todos los moldes de la estética femenina con su extraordinaria delgadez y aún así consiguieron entusiasmar a miles de personas. No tenían apenas caderas, sus pechos eran poco menos que un esbozo y las piernas hacían referencia a la canción "Popotitos", pero su atractivo físico estaba fuera de toda duda.

En el lado opuesto estaban las actrices duras, masculinas, como Maureen O'Hara o Katharine Hepburn, las cuales eran lo opuesto a la mujer delicada y sexy que atraía a los hombres, pero que también consiguieron pasar a la historia del cine por su belleza.

Respecto a los hombres las cosas están igualmente confusas, ya que han sido capaces de romper corazones actores como Humphrey Bogart o Clark Gable que eran la antítesis de un hombre guapo, al menos si los encajamos junto a James Dean, Robert Taylor o Rodolfo Valentino. Cualquier parecido entre ellos era pura coincidencia y sin embargo todos han sido considerados como bien parecidos.

El secreto en estos hombres y mujeres, no ciertamente guapos ni proporcionados, estaba en su originalidad, en su personalidad, lo cual les daba un atractivo enorme precisamente por ser distintos. Claro está que todo dentro de un orden, ya que todos los feos y feas del cine no eran horrorosos monstruos sacados del baúl de Boris Karloff, sino personas normales, con un cuerpo normal y unas facciones estéticas, ya que de no ser así nadie les hubiera podido considerar guapos por muy distintos que fueran.

Así que ya lo saben mis queridos feos y feas: para resultar atractivos no traten de imitar a los guapos, sino al revés, decídanse por la originalidad en el vestir, el habla y las aficiones, ya que ahí estará el secreto de su éxito.

**La clave del éxito:**

He aquí algunos datos sobre el comportamiento tradicional de las personas que tienen éxito en el amor y que encuentran pareja con la misma facilidad que usted y yo encontramos colillas en el suelo.

1. Suelen realizar siempre un cortejo preliminar. Otean a su presa, la observan, se aproximan con lentitud y empiezan diciéndole justo lo que desean oír. ¿Cómo saben con tanta precisión lo que esa persona quería oír?.

2. Envían señales de acercamiento e interés a su presa. Las mujeres, para qué negarlo, disponen de muchos más recursos para enviar estas señales y por eso sus intentos de acercamiento casi siempre dan buen resultado, pero los varones lo tenemos algo más difícil.

3. Las mujeres perciben enseguida que ese individuo que las mira tanto quiere ligar con ellas. Nosotros, una vez más, no nos enteramos de nada hasta que no llegan hasta nosotros.

4. Los ligones saben cómo hacer que una mujer se sienta eso, mujer (o hembra o femenina, da igual).

5. Las mujeres saben que siempre da mejor resultado hacer creer al varón que es él quien ha ligado, cuando en realidad en la mayoría de las veces es ella quien ha enviado hace tiempo sus señales dándole permiso para que se acerque.

6. Nadie que quiere ligar avanza hacia el otro desgarbado y sacando tripa. Si los hombres tensan sus músculos, las mujeres mueven las caderas, y si ellos inflan el tórax ellas se bajan un poco más el escote.
7. Todos caminan erguidos en dirección a su presa, lentamente pero con paso decidido.
8. Los hombres se arreglan la corbata o la camisa, mientras que las mujeres muestran más interés por peinarse con las manos los pocos cabellos que puedan estar alborotados.
9. Si el acercamiento es para una noche de sexo las manos bajan insinuantes hacia el pantalón, aunque la discreción debe ser notoria. Los varones suelen poner su mano apoyada en el cinturón y las mujeres eligen las caderas.
10. El cigarrillo siempre ha sido un arma de coquetería para las mujeres demoledor. No hay nada más sugestivo que una mujer nos sople el humo del cigarrillo directamente a la cara. Curiosamente, en un varón sería una grosería.
11. Las mujeres miran de lado en el cortejo, insinuantes; los hombres de frente.
12. Si durante las primeras palabras ella sigue arreglándose con esmero la ropa y el pelo, todo va bien. Él, por su parte, tratará de seguir con su plan empleando su mejor arma: el susurro y la adulación.
13. Si ella se ahueca el pelo repetidas veces y se lo aparta de la cara, todo va bien.
14. La mujer evitará abrir sus piernas si están sentados, pero para él no será ningún problema

abrir las suyas como si fuera un vaquero a punto de subir al corcel.

15. Ella cruzará las piernas de mil maneras hasta que consiga mostrar, por fin, los centímetros de muslo que le interese mostrar.

16. Si la cosa va sobre ruedas, la mujer se humedecerá los labios varias veces, mientras que él responderá tratando de ser simpático y hablándola de que se ha fijado en ella por su intensa personalidad, o cosas parecidas.

17. Las mujeres gustan de mirar de reojo por encima de su hombro, mientras que los hombres no tienen reparos en mirar las piernas de ella o su escote, aunque si quieren ligar evitarán hacer comentarios soeces. Basta con la mirada.

18. Finalmente, si ella comienza a descalzarse y se acaricia el muslo, mientras que él baja el tono de su voz hasta convertirlo en un susurro, el ligue se ha consumado.

# CONCLUSIÓN

Sepa el lector que haya conseguido terminar de leer este libro, que no basta con memorizar todo cuanto de bueno se ha dicho en él (lo malo he preferido no incluirlo), sino que debe dedicarse ahora a observar más aún a su vecino, a su amigo, a su pariente y, por supuesto, a su enemigo. Para ello deberá dejar de mirarse tanto al espejo propio y buscar detalles de interés en el espejo del alma ajena. Tendrá que dedicar más tiempo a comprender a los demás que a exigir que los demás le entiendan, e invertirá menos tiempo en quejarse y más en escuchar.

Para lograr esto le recomendamos el relajante deporte de la individualidad y la soledad, algo aburrido si se prolonga, pero totalmente necesario para quien pretende analizar las causas del comportamiento humano. Cuando acuda a una reunión, a una fiesta o a una asamblea de vecinos, no se ponga inmediatamente en el centro, buscando ansioso con quién hablar. Apártese discretamente a un lado y observe a su alrededor; así verá lo complejo que es el comportamiento humano y cuántas cosas somos capaces de hacer cuando creemos que nadie nos mira.

Pero cuando su conocimiento del ser humano se haya ampliado no comience a mirarse su ombligo, en la creencia de que es usted un sabio solamente porque han aumentado sus cualidades como juez. Hágase aún más humilde, si puede, y no critique abiertamente los defectos de los demás; limítese simplemente a analizarlos y evaluarlos.